应用技能型院校"十四五"规划富媒体教材

会计综合化项目实训

(手工账务处理)

(第四版)

李　辉　李益娟／主　编
张文惠　史欣欣　王　静／副主编

图书在版编目(CIP)数据

会计综合化项目实训:手工账务处理 / 李辉,李益娟主编. --4版. --上海:立信会计出版社,2024.7.
ISBN 978-7-5429-7707-6(2025.8重印)
Ⅰ. F230
中国国家版本馆CIP数据核字第2024MZ8391号

策划编辑　王斯龙
责任编辑　王斯龙
美术编辑　吴博闻

会计综合化项目实训(手工账务处理)(第四版)
KUAIJI ZONGHEHUA XIANGMU SHIXUN

出版发行	立信会计出版社			
地　　址	上海市中山西路2230号	邮政编码	200235	
电　　话	(021)64411389	传　真	(021)64411325	
网　　址	www.lixinaph.com	电子邮箱	lixinaph2019@126.com	
网上书店	http://lixin.jd.com	http://lxkjcbs.tmall.com		
经　　销	各地新华书店			
印　　刷	浙江天地海印刷有限公司			
开　　本	787毫米×1092毫米	1/16		
印　　张	19.25			
字　　数	266千字			
版　　次	2024年7月第4版			
印　　次	2025年8月第3次			
书　　号	ISBN 978-7-5429-7707-6/F			
定　　价	49.00元			

如有印订差错,请与本社联系调换

第四版前言

会计学是一门理论性、实践性很强的学科,课程实训是会计学专业教学的一个必要环节。本教材是构建财务会计核算项目实训体系教材的重要组成部分,课程"以会计岗位工作任务为基础,以岗位实践能力为核心,以项目课程为载体",遵循"技能—知识"教学链路主线,构建"会计基本技能实训—会计应用技术实训—会计岗位项目实训—会计综合项目实训—会计信息化项目实训"的专业实践项目课程系统。

为贯彻落实党的二十大精神,我们本着培养既有理论知识又有实践能力的应用型复合人才的宗旨,结合多年的教学和实践工作经验,编写了本教材。通过本教材的应用,可以强化实践教学这一教学薄弱环节,缩短理论教学与实践的差距,大大提高学生分析问题、解决问题的能力和实际操作水平,解决学生毕业实习难、效果差的问题。

本教材以国家最新颁布并执行的企业会计准则、税收法规、会计制度为依据,精心设计了仿真企业信息、仿真企业的期初数据和本期经济业务。通过本教程的模拟实训,可以完成:开设账簿体系、期初数据过账;依据本期经济业务填制分析原始凭证,依据原始凭证编制记账凭证;编制科目汇总表;登记日记账、明细账、总账;编制会计报表;纳税申报等财税基础工作。

本教材被评为江苏省"十四五"规划教材。本教材设计新颖,具有知识面广、繁简适当、仿真性强、实用性强、综合性强的特点,具体体现在以下几个方面:

(1) 从编写体例上看,本教材打破了传统会计实训教材单纯分项目实训的模式,综合了《基础会计》《财务会计》《成本会计》等会计核心课程相关内容和账务处理方法,遵循职业教育培养技能应用型会计人才的宗旨,以高仿真主体企业账项为依据,让学生认知原始凭证,分析原始凭证,填制记账凭证,登记各类账簿,编制相关报表。从而培养学生分析问题、解决问题的能力,增强会计实务操作技能。学生做手工账务处理的同时,兼顾计算机平台操作,多方面培养学生会计综合能力。

(2) 从教材内容上看,本教材中涉及的经济业务全部用现在企业真实的最新格式的原始凭证来呈现,少量文字表述,取得原始凭证的时间顺序也完全与企业实际工作相一致。本教材设计的经济业务种类齐全，既包括目前企业最基本、最常见的经济业务，也包括平时在企业中虽然发生相对较少但实际工作中又具有较强代表性的特殊业务。

（3）为实现学校会计教育与实际会计工作的无缝对接，培养学生会计处理综合能力，我们也将此教材中涉及的经济业务放到计算机软件平台中，让学生做手工账务处理的同时，兼顾计算机平台操作，突显会计综合实训的信息化处理。

（4）为更好地方便学生学习和教师教学，本教材为每一笔业务均录制了视频讲解和视频操作规范。

本教材由苏州信息职业技术学院李辉教授和李益娟教授担任主编。苏州信息职业技术学院张文惠副教授和江苏联合职业技术学院徐州财经分院史欣欣、王静担任副主编。主编提出编写大纲，并对全书进行总撰、修改和定稿。史欣欣老师负责附录一的校对和视频录制，王静老师负责附录二的校对和视频录制。厦门九九网智软件有限公司梁华负责业务案例单据的提供。本教材和战略合作企业厦门九九网智软件有限公司联合打造，学生在完成手工实训的同时，可以通过扫码在电脑上完成，自动评分。本教材在修订的过程中，得到了江苏省徐州财经高等职业技术学校以及立信会计出版社有限公司的大力支持和帮助，在此谨向他们表示衷心的感谢！

由于水平有限，书中可能存在疏漏之处，敬请读者不吝指正。

李　辉

2025年7月修订

扫码关注后发送
"7703"获取答案

目录

第一章

会计综合化项目实训的目的 …………………………………………………… 1

第二章

会计综合化项目实训的教学要求 ……………………………………………… 2

一、对指导教师的要求 …………………………………………………………… 2
二、对学生的要求 ………………………………………………………………… 2
三、对实训用品的要求 …………………………………………………………… 3
四、实训参考课时 ………………………………………………………………… 3

第三章

会计综合化项目实训资料 ……………………………………………………… 4

一、徐州欣阳有限公司实训资料 ………………………………………………… 4
二、江苏东方糖果有限责任公司实训资料 ……………………………………… 16

附录一 徐州欣阳有限公司业务凭证 …………………………………………… 33
附录二 江苏东方糖果有限责任公司业务凭证 ………………………………… 103

第一章 会计综合化项目实训的目的

通过会计综合化项目实训,将会计专业知识和会计实务工作有效地结合在一起,使学生比较系统地演练企业会计核算的基本程序和具体方法,加强学生对会计基本理论的理解和掌握。同时,通过对会计基本方法的运用和对会计基本技能的训练,使之真正掌握各种原始凭证的填写方法;掌握各种业务的处理及填写记账凭证的方法;掌握账簿登记的方法;掌握各种报表编制的方法等。通过仿真实训操作,培养学生的职业意识,提高职业素质,形成工作能力,为学生即将从事的会计工作打下坚实的基础,使其成为理论与实际相结合的会计专业人才。

具体而言,包括以下几个方面:

(1)直观了解原始凭证、记账凭证应具备的基本要素,熟悉常见业务使用的各种原始凭证和记账凭证的样式,掌握原始凭证、记账凭证填制的基本操作技能和技巧。

(2)直观了解各类账簿的基本结构,熟悉各类账簿的账页格式,掌握账簿的启用、设置、登记、对账、结账等的基本操作技能和技巧。

(3)直观了解主要财务报表的编制依据,熟悉主要财务报表的基本结构,掌握编制财务报表的基本技能和技巧。

第二章 会计综合化项目实训的教学要求

一、对指导教师的要求

在开展会计综合化项目实训之前,指导教师要根据学生的实际情况,制订切实可行的实训计划。实训可以由一名学生承担所有的财务工作,也可以采用设置出纳、会计、会计主管等岗位的小组合作形式。

在实训开始之前,指导教师要提前准备好实训必需的材料,包括手工操作实验所需要的记账凭证、凭证封皮等,可按所需数量事先印刷或购买。另外,还需要准备凭证装订机、票据夹、针、线、剪刀、胶水等工具。

二、对学生的要求

(1) 在会计综合化项目实训开始之前,学生需要认真学习《会计基础工作规范》《会计档案管理办法》等会计法律、法规,认真复习"基础会计""财务会计实务""成本会计实务"等课程的相关知识,并详细了解实训企业的背景材料和会计政策部分的相关内容。

(2) 会计工作复杂繁琐,学生应在思想上作好充分的准备,耐心沉稳,按照指导教师的安排进行有序实训。采用小组形式进行实训的,需要明确小组内成员的分工,并在合适的时间轮岗,以圆满达到会计综合化项目实训的训练目的。

(3) 会计综合化项目实训工作包括:①分析所给经济业务并填写部分原始凭证;②依据各业务原始凭证编制记账凭证;③根据记账凭证登记有关日记账和明细账;④编制科目汇总表;⑤根据科目汇总表登记有关总账;⑥编制资产负债表、利润表和现金流量表等。

(4) 学生应严格按照有关规定填写会计凭证,包括会计凭证的编号、日期、业务内容摘要、会计科目、金额、所附原始凭证张数、审核签章等有关项目,不得敷衍了事;登记账簿时字迹要清楚,并按规定的程序和方法记账、结账,发现错账时应采用正确的方法更正(划线更正法、红字更正法、补充登记法等);所有金额计算结果均保留两位小数。

(5) 实训结束后,应将各种记账凭证连同所附的原始凭证按编号顺序折叠整齐,装订成册,并加具封面,注明单位名称、年度、月份和起讫日期,并由装订人签名或盖章。因各种账簿事先已装订成册,不用再装订,只要注明单位名称、年度、月份等即可。会计报表应单独整理装订成册,并加具封面,注明相关信息。

三、对实训用品的要求

本教材提供实训业务所需的原始凭证和配套的专用账簿。除此之外,指导教师还需要准备凭证装订机、票据夹、针、线、剪刀、胶水等工具。

需要提前准备的空白会计凭证和账页包括:通用记账凭证 144 张(不包括备用数);凭证封面、封底 3 套。

在手工操作结束后,根据手工操作资料进行计算机操作,既是为了检验手工操作的正确性,又是电算化模拟操作的实训内容。电算化模拟实训需要用友、金蝶等财务软件的支持。上机模拟实训也可以在配套的会计实务(手工)智能考评系统中进行。

四、实训参考课时

本实训一般可安排在"基础会计""财务会计实务"和"成本会计实务"等课程结束后进行。我们建议参考课时为 70～120 学时。各使用单位可根据实际情况作相应调整。

第三章 会计综合化项目实训资料

一、徐州欣阳有限公司实训资料

1. 公司基本情况

企业名称：徐州欣阳有限公司
企业增值税类型：一般纳税人
纳税人识别号：913203119758888213
企业地址：江苏省徐州市泉山区欣欣路1号
企业电话号码：0516-22405488
企业基本户开户行：中国建设银行徐州市泉山区支行 9819965277
预留银行印鉴：徐州欣阳有限公司财务专用章和法定代表人私章
证券交易结算资金账户：2676949607

2. 会计政策及相关说明

（1）徐州欣阳有限公司（以下简称公司）为有限责任公司，公司下设办公室、财务部、采购部、非专设销售机构、生产车间、在建工程部，执行《企业会计准则》。

（2）公司的会计期间分为年度和中期。会计年度为自公历1月1日起至12月31日止。中期包括月度、季度和半年度。

（3）本公司以人民币为记账本位币。

（4）本公司采用科目汇总表账务处理程序进行账务处理。

（5）存货按实际成本法核算，原材料及包装物发出计价采用月末一次加权平均法，材料的共同运费按数量分配，分配率保留2位小数，尾差计入最后一个对象。库存商品发出计价采用月末一次加权平均法，工程物资发出计价采用月末一次加权平均法。发出存货单位成本保留2位小数，如有尾差计入结存存货成本。周转材料价值摊销采用一次摊销法。公司主要生产C205、P206，生产C205、P206需耗用Z811、Y812两种材料本月投产产品均按照生产耗用数量领用。

（6）产品成本计算采用品种法，设置直接材料、直接人工、制造费用3个成本项目。其中：①原材料在生产开始时一次性投入；共同耗用的材料采用按产品产量比例分配法进行分配，分配率保留6位小数，尾差计入最后一个对象；②工资及四险一金分配采用实际生产工时比例分配法进行分配，分配率保留6位小数，尾差计入最后一个对象；四险一金的承担和计提比例如下：公司承担的部分为养老保险金16%、医疗保险金10%、失业保险金0.5%、工伤保险金0.2%、住房公积金10%；个人承担的部分为养老保险金8%、医疗保险金2%、失业保险金0.5%、住房公积金10%；③制造费用按生产工时比例分配法在各种产品之间分配,分配率保留6位小数,尾差计入最后一个对象。生产费用在完工产品与在产品之间的分配采用约当产量法,分配率保留6位小数,尾差计入月末在产品成本。车间生产工人发生的职工薪酬以外的费用计入制造费用。

(7) 固定资产折旧采用年限平均法,净残值率为4%,折旧年限分别为:房屋及建筑物20年、生产设备10年、运输工具4年、电子设备3年、工具器具及家具5年,折旧率保留4位小数(采用小数点形式)。

(8) 期间费用(水、电费等)分摊方法是按实际用量,电费分配率保留4位小数。尾差计入最后一个对象。

(9) 公司适用的增值税税率为13%,公司的增值税专用发票符合抵扣规定的均已抵扣并取得认证清单;城市维护建设税税率为7%;教育费附加征收率为3%。地方教育附加征收率为2%。

(10) 公司适用的企业所得税税率为25%,月度按照实际利润额计算预缴企业所得税。不存在不征税收入、免税收入、减免所得税额。

(11) 递延所得税资产和负债按年确认和转销。

(12) 应收款项(应收账款及其他应收款)的坏账准备采用余额百分比法计提,计提比例为5%。

(13) 涉及金融资产、股权投资的公允价值变动损益、资本公积、其他综合收益的结转均与相关业务合并编制一张记账凭证。

(14) 公司发生的福利费能分清部门的,根据部门计入相应的科目;不能分清部门的,全部计入管理费用。

(15) 计提的工会经费比例为2%、职工教育经费比例为2.5%,应根据不同部门分别计入相应的会计科目。

(16) 无形资产的摊销采用直线法,土地使用权的摊销期限为50年,其他无形资产摊销期限为10年。

(17) 公司涉及的转让专利业务不符合免税政策。

(18) 企业每月末按照实际天数计算提取贷款利息,银行于每月20日收取其发放的贷款利息。

(19) 涉及附有销售退回条款的销售业务,预估退货率为2%,约定销售退货期限为30天。

3. 期初资料

徐州欣阳有限公司2024年9月初的总账及明细账资料如表3-1所示。

表3-1　2024年9月初总账及明细账资料　　　　　　　　　　　　单位:元

总账科目	明细账科目	借方余额	贷方余额	数量	单位	本年累计发出数量	明细科目简称
库存现金		6 512.00					
银行存款	中国建设银行徐州市泉山区支行(9819965277)	46 755 032.92					银行简称

(续表)

总账科目	明细账科目	借方余额	贷方余额	数量	单位	本年累计发出数量	明细科目简称
银行存款	交通银行徐州市泉山区支行（62726307212450）						银行简称
其他货币资金	外埠存款						
	银行本票						
	银行汇票						
	信用卡						
	信用证保证金						
	承兑保证金——开户行——账号						银行简称
	存出投资款——××证券——账号						
应收票据	徐州GD有限公司	210 526.32					公司简称
	B2公司						公司简称
应收账款	徐州三叶家具有限公司	450 000.00					公司简称
	宿迁长城有限公司	125 000.00					公司简称
	金坛上源有限公司						公司简称
预付账款	南京五环有限公司	152 100.00					公司简称
	汽车保险费	1 600.00					
	江苏电力股份有限公司	62 589.36					
其他应收款	陈珂	800.00					
	保险公司	1 000.00					公司简称
	徐州益阳（投标保证金）	50 000.00					
坏账准备	应收账款坏账准备		28 750.00				公司简称
	其他应收款坏账准备		2 590.00				公司简称
在途物资	Z811						商品、材料简称
	Y812						商品、材料简称
	包装箱						商品、材料简称
原材料	Z811	219 000.00		4 600.00	千克		材料简称
	Y812	295 431.43		9 000.00	千克		材料简称
	W011	50 000.00		1 000.00	千克		材料简称
库存商品	C205	560 000.00		2 000.00	件		商品简称
	P206	800 000.00		800.00	件		商品简称
应收退货成本	C205	7 840.00		28.00	件		商品简称

(续表)

总账科目	明细账科目	借方余额	贷方余额	数量	单位	本年累计发出数量	明细科目简称
应收退货成本	P206	20 000.00		20.00	件		商品简称
周转材料	包装物——包装箱	6 000.00		150.00	个		包装物简称
	低值易耗品——工作服						低值易耗品简称
	低值易耗品——工具						低值易耗品简称
	低值易耗品——口罩						低值易耗品简称
存货跌价准备	存货项目或类别						存货简称
固定资产	生产设备	1 459 200.00					固定资产名称简称
	生产设备——W	80 000.00					
	生产设备——K	1 379 200.00					
	运输工具——大众轿车	125 000.00					固定资产名称简称
	电子设备	105 000.00					固定资产名称简称
	电子设备——空调H	30 000.00					
	——电脑H	10 000.00					
	——空调P	30 000.00					
	——电脑P	35 000.00					
	房屋及建筑物	1 620 000.00					固定资产名称简称
	——办公楼	1 200 000.00					固定资产名称简称
	——厂房	420 000.00					固定资产名称简称
累计折旧			1 509 103.10				
投资性房地产累计折旧							
固定资产减值准备							
在建工程	建筑工程——房屋在建工程	1 650 000.00					在建工程名称简称
	安装工程——××						在建工程名称简称
	在安装设备——××						在建工程名称简称

(续表)

总账科目	明细账科目	借方余额	贷方余额	数量	单位	本年累计发出数量	明细科目简称
工程物资	专用材料——××						工程物资名称简称
	专用设备——××						工程物资名称简称
	工器具——××						工程物资名称简称
固定资产清理	生产设备——××						固定资产名称简称
	运输工具——××						固定资产名称简称
	房屋及建筑物——××						固定资产名称简称
	电子设备——××						固定资产名称简称
	工具器具——××						固定资产名称简称
	融资租入固定资产——××						固定资产名称简称
无形资产	专利权——A						无形资产名称简称
	专有技术——××						无形资产名称简称
	商标权——B						无形资产名称简称
	著作权——××						无形资产名称简称
	特许权——××						无形资产名称简称
	土地使用权——××						无形资产名称简称
累计摊销	专利权——××						无形资产名称简称
	专有技术——××						无形资产名称简称
	商标权——××						无形资产名称简称
	著作权——××						无形资产名称简称
	特许权——××						无形资产名称简称
	土地使用权——××						无形资产名称简称

(续表)

总账科目	明细账科目	借方余额	贷方余额	数量	单位	本年累计发出数量	明细科目简称
无形资产减值准备	专利权——××						无形资产名称简称
	专有技术——××						无形资产名称简称
	商标权——××						无形资产名称简称
	著作权——××						无形资产名称简称
	特许权——××						无形资产名称简称
	土地使用权——××						无形资产名称简称
商誉							
短期借款	××银行——合同号:00091						银行简称
	××银行——合同号:00092						银行简称
应付票据	债权人明细(例如:S公司)						公司简称
	债权人明细(例如:Z公司)						公司简称
应付账款	暂估应付款——徐州红星有限公司		119 000.00				公司简称
	徐州万达有限公司		114 890.00				公司简称
	苏州万达有限公司						公司简称
	苏州恒通物流有限公司						公司简称
	押金——徐州天猫有限公司						公司简称
预收账款	购货单位明细(例如:T公司)						公司简称
合同负债	购货单位明细						
应付职工薪酬	工资		80 900.00				
	职工福利费						
	社会保险费——医疗保险		8 090.00				
	设定提存计划——养老保险		12 944.00				
	设定提存计划——失业保险		404.50				

(续表)

总账科目	明细账科目	借方余额	贷方余额	数量	单位	本年累计发出数量	明细科目简称
应付职工薪酬	社会保险费——工伤保险		161.80				
	住房公积金		8 090.00				
	工会经费		6 400.00				
	职工教育经费		8 000.00				
	累积带薪缺勤						
	非累积带薪缺勤						
	利润分享计划						
	非货币性福利						
	辞退福利						
	股份支付						
	延迟奖金计划						
应交税费	应交增值税——进项税额						
	应交增值税——已交税金						
	应交增值税——减免税款						
	应交增值税——出口抵减内销产品应纳税额						
	应交增值税——转出未交增值税						
	应交增值税——销项税额						
	应交增值税——出口退税						
	应交增值税——进项税额转出						
	应交增值税——转出多交增值税						
	未交增值税		28 000.00				
	应交消费税						
	应交企业所得税		58 620.00				
	应交资源税						

(续表)

总账科目	明细账科目	借方余额	贷方余额	数量	单位	本年累计发出数量	明细科目简称
应交税费	应交土地增值税						
	应交城市建设维护税		1 960.00				
	应交教育费附加		840.00				
	应交地方教育附加		560.00				
	应交房产税						
	应交土地使用税						
	应交车船税						
	应交个人所得税		16.95				
	应交矿产资源补偿费						
应付利息	短期借款——中国银行扬州支行——合同号:00091						银行简称
	长期借款——贷款银行名称——合同号:55312						银行简称
	债券——××公司						公司简称
应付利润							
其他应付款	押金——徐州天猫有限公司		1 130.00				公司简称
	社会保险费——医疗保险						
	设定提存计划——养老保险						
	设定提存计划——失业保险						
	住房公积金						
预计负债	应付退货款——C205		15 680.00	28	件		
	应付退货款——P205		28 000.00	20	件		
长期借款	××银行——合同号:55312——本金						银行简称
	××银行——合同号:55312——利息调整						银行简称
实收资本	徐州飞扬股份有限公司		20 000 000.00				公司简称
	徐州D股份有限公司		10 000 000.00				公司简称
	张三(自然人股东)						

(续表)

总账科目	明细账科目	借方余额	贷方余额	数量	单位	本年累计发出数量	明细科目简称
资本公积	资本溢价		500 000.00				
	股本溢价						
	其他资本公积						
其他综合收益	可供出售金融资产公允价值变动						
	被投资单位其他综合收益变动						
盈余公积	法定盈余公积		400 000.00				
	任意盈余公积		50 000.00				
	储备基金						
	企业发展基金						
	利润归还投资						
本年利润			5 280 000.00				
利润分配	提取法定盈余公积						
	提取任意盈余公积						
	应付现金股利						
	应付利润						
	转作股本的股利						
	盈余公积补亏						
	提取储备基金						
	提取企业发展基金						
	提取职工奖励及福利基金						
	利润归还投资						
	未分配利润		16 495 201.68				
库存股							
生产成本	基本生产成本——C205——直接材料	22 900.00		100	件		产品简称
	基本生产成本——C205——直接人工	1 500.00		100	件		产品简称
	基本生产成本——C205——制造费用	2 300.00		100	件		产品简称
	基本生产成本——P206——直接材料						产品简称
	基本生产成本——P206——直接人工						产品简称
	基本生产成本——P206——制造费用						产品简称

(续表)

总账科目	明细账科目	借方余额	贷方余额	数量	单位	本年累计发出数量	明细科目简称
生产成本	基本生产成本——丙——直接材料						产品简称
	基本生产成本——丙——直接人工						产品简称
	基本生产成本——丙——制造费用						产品简称
合同履约成本	服务成本——运输装卸费						
制造费用	水电费						
	差旅费						
	通信费						
	工资						
	职工福利费						
	社会保险费						
	住房公积金						
	工会经费						
	职工教育经费						
	折旧费						
主营业务收入	商品销售收入——C205——P206						商品简称
其他业务收入	没收押金收入						材料简称
营业外收入	非流动资产处置利得						
	非货币资产交换利得						
	债务重组利得						
	政府补助						
	盘盈利得						
	捐赠利得						
	其他						
主营业务成本	服务成本——C205——P206						商品简称
	商品销售成本——C205——P206						商品简称
其他业务成本							材料简称

(续表)

总账科目	明细账科目	借方余额	贷方余额	数量	单位	本年累计发出数量	明细科目简称
税金及附加	城市维护建设税						
	教育费附加						
	地方教育附加						
销售费用	包装费						
	广告宣传费						
	市内交通费						
	低值易耗品摊销						
	无形资产摊销费						
	工资						
	职工福利费						
	社会保险费						
	住房公积金						
	工会经费						
	职工教育经费						
	办公费						
	水电费						
	差旅费						
	通信费						
	折旧费						
	运输装卸费						
管理费用	开办费						
	咨询服务费						
	董事会会费						
	诉讼费						
	聘请中介机构费						
	税费						
	技术转让费						
	排污费						
	业务招待费						
	招聘费						
	交通费						
	低值易耗品摊销						
	无形资产摊销费						
	工资						
	职工福利费						

(续表)

总账科目	明细账科目	借方余额	贷方余额	数量	单位	本年累计发出数量	明细科目简称
管理费用	社会保险费						
	住房公积金						
	工会经费						
	职工教育经费						
	办公费						
	水电费						
	差旅费						
	通信费						
	折旧费						
	租赁费						
	固定资产维修费						
	财产保险费						
	汽车费用						
	会务费						
	盘盈利得						
	盘亏损失						
	研究费用						
	物业管理费						
财务费用	利息支出						
资产减值损失	存货跌价损失						
信用减值损失	坏账损失						
所得税费用	当期所得税费用						
以前年度损益调整							

4．业务内容

业务内容见附录一。

5．处理要求

（1）根据上述资料编制通用记账凭证（如果同一编号的经济业务需要编制一张以上记账凭证，一律采用分数编号法）。

（2）请根据本套业务编制科目汇总表。

（3）请根据本套业务登记银行存款日记账，要求如下：

在银行存款日记账中，开设并登记明细账户（登记日记账，不做每日合计）。

所给定账页第1行"年月日"栏为"2024年08月31日","摘要"栏为"承前页","借方金额"栏为"28 053 019.75","贷方金额"栏为"23 377 516.46","余额"栏为"46 755 032.92";"摘要"栏为"本月合计及余额","借方金额"栏为"28 053 019.75","贷方金额"栏为"23 377 516.46","余额"栏为"46 755 032.92"。

请先将上述数据过入账页的相应行次,并接着登记2024年9月银行存款人民币户日记账,并进行月度结账。

(4)请根据本套业务相关资料编制2024年9月资产负债表和利润表。

二、江苏东方糖果有限责任公司实训资料

1. 公司基本情况

企业名称:江苏东方糖果有限责任公司
企业增值税类型:一般纳税人
纳税人识别号:913210025463484658
企业地址:江苏省扬州市金山路21号
企业电话号码:0514-16001005
企业基本户开户行:中国建设银行扬州市广陵区支行6671893980
预留银行印鉴:江苏东方糖果有限责任公司财务专用章和法定代表人私章
企业一般存款户:中国银行扬州支行41702722356
证券交易结算资金账户:2794110564
美元存款户账号:21364944791389
记账本位币:人民币
执行的会计准则:《企业会计准则》

2. 会计政策及相关说明

(1)江苏东方糖果有限责任公司(以下简称公司)为有限责任公司,是增值税一般纳税人,不属于可以享受固定资产加速折旧企业所得税政策的行业。公司下设办公室、财务部、采购部、销售门市部、生产车间、工程部门,执行《企业会计准则》(新的金融工具、收入准则和新租赁准则)。公司对外报送财务报告的相关负责人如下:单位负责人为周洪雷(法定代表人);主管会计工作负责人为崔伟(总经理);会计机构负责人为蒋敏(财务经理)。

(2)会计期间:公司的会计期间分为年度和中期。会计年度为自公历1月1日起至12月31日止。中期包括月度、季度和半年度。

(3)公司以人民币为记账本位币。

(4)公司采用科目汇总表账务处理程序进行账务处理。

(5)一是存货按实际成本法核算,原材料及包装物发出计价采用月末一次加权平均法,材料的共同运费按数量分配,分配率保留2位小数,尾差计入最后一个对象。库存商品发出计价采用月末一次加权平均法,工程物资发出计价采用月末一次加权平均法。委托加工发出材料计价采用先进先出法,发出存货单位成本保留2位小数,如有尾差计入结存存货成本。低值易耗品价值摊销采用一次摊销法,周转材料价值摊销采用一次摊销法。

原材料及周转材料发生盘盈时,按最近一次不含税买价作为入账价值;库存商品发生盘盈时,按当月完工入库的该库存商品的单位成本作为入账价值。二是公司主要生产硬糖、奶糖、果酸乳汁,生产每件硬糖、奶糖、果酸乳汁需耗用白砂糖、葡萄糖、炼乳、果酸4种材料。本月投产产品均按照生产耗用数量领用原材料,未发生损耗。三是每销售5件硬糖、奶糖、果酸乳汁产品需要包装袋1只。

(6)产品成本计算采用品种法,设置直接材料、直接人工、制造费用三个成本项目。其中:①原材料在生产开始时一次性投入;共同耗用的材料采用按产品产量分配进行分配,分配率保留6位小数,尾差计入最后一个对象;②工资及四险一金分配采用实际生产工时进行分配,分配率保留4位小数,尾差计入最后一个对象;③四险一金的承担和计提比例如下:企业承担部分为养老保险金16%,医疗保险金10%,失业保险金0.5%,工伤保险金0.2%,住房公积金10%;④个人承担部分为养老保险金8%,医疗保险金2%,失业保险金0.5%,住房公积金10%。

(7)制造费用按生产工时比例在各种产品之间分配,分配率保留4位小数,尾差计入最后一个对象。

(8)生产费用在完工产品与在产品之间的分配采用约当产量法,分配率保留6位小数,尾差计入月末在产品成本。

(9)公司发生的福利费能分清部门的,应根据部门记入相应的科目;如果不能分清的,则全部计入管理费用。车间生产工人发生的职工薪酬以外的费用计入制造费用。

(10)计提的工会经费2%、计提职工教育经费2.5%应根据不同部门分别记入相应的会计科目。

(11)固定资产不包括研发用固定资产。固定资产折旧采用年限平均法,净残值率为5%,折旧年限分别为:房屋及建筑物20年、生产设备10年、运输工具4年、电子设备3年、工具器具及家具5年。折旧率保留4位小数(采用小数点的形式),月折旧额保留2位小数。

(12)期间费用(水电费等)按实际用量进行分摊,分配率保留2位小数,尾差计入最后一个对象。

(13)公司适用的增值税税率为13%,会计处理时各期确认的增值税进项税额应当与当期增值税纳税申报表保持口径一致;当期取得的增值税专用发票已在取得发票当天全部办妥认证手续(不考虑待认证情况);企业取得的增值税专用发票已于当天在增值税发票综合服务平台确认发票用途,取得海关专用缴款书已于当天在增值税发票综合服务平台确认发票用途并取得回执。

(14)公司适用的城市维护建设税税率为7%;教育费附加征收率为3%;地方教育附加征收率为2%。

(15)公司适用的企业所得税税率为25%,月度按照实际利润额计算预缴企业所得税。截至2023年12月31日,以前各年度应纳税所得额均大于零,不存在不征税收入、免税收入、减免所得税额,且截至2024年11月30日无欠缴及多缴所得税情况。

(16) 递延所得税资产和负债按年确认和转销;公司涉及的转让专利业务不符合免税政策。

(17) 应收款项(应收账款及其他应收款)按照相当于整个存续期内预计信用损失的金额计量其损失准备,即预期信用损失为企业应收取的合同现金流量与预期收取的现金流量之间差额的现值。本公司基于历史信用损失经验,考虑有关过去事项,当前状况以及对未来经济状况的预测,在资产负债表日根据应收款项逾期天数与预期信用损失率预计坏账准备。本公司应收款项逾期天数均在一年以内,未逾期的以及逾期一年以内的应收款项预期信用损失均为5%,坏账准备按月计提。

(18) 无形资产的摊销采用直线法,土地使用权的摊销期限为50年,其他无形资产摊销期限为10年。

(19) 金融商品转让以盈亏相抵后的余额作为销售额,即卖出价减去买入价后的余额。卖出价和买入价均按照交割单上注明的成交数量乘以成交价格确定。

(20) 涉及金融资产、股权投资的公允价值变动损益、资本公积、其他综合收益的结转均与相关业务合并编制一张记账凭证。涉及其他权益工具投资转让的,先计算盈余公积,差额计入未分配利润。

(21) 交易性金融资产、其他权益工具投资以公允价值计量,按月确认公允价值变动。

(22) 投资性房地产按成本模式计量。

(23) 公司每月月末按照实际天数计算提取贷款利息,银行于每月20日收取其发放贷款的利息,涉及同一银行同日扣取多笔利息支出的,编制一张复合记账凭证。

(24) 发生的销货与购货退回、销售折让及冲销上月暂估入库等业务均编制红字记账凭证;如果涉及销售退回的,应同时结转成本。

(25) 涉及附有销售退回条款的销售业务预计退货率2%,约定销售退货期限为30天。

3. 期初资料

江苏东方糖果有限责任公司2024年12月初总账及明细账资料如表3-2所示。

表3-2 2024年12月初总账及明细账资料　　　　　　　　　　　单位:元

总账科目	明细账科目	借方余额	贷方余额	数量	单位	本年累计借方发生额	本年累计贷方发生额	本年累计收入数量	本年累计发出数量	明细科目简称
库存现金		5 000.00								
银行存款	中国建设银行扬州市广陵区支行——6671893980	41 358 199.01								银行简称
	中国银行扬州市广陵区支行——41702722356	650 000.00								

(续表)

总账科目	明细账科目	借方余额	贷方余额	数量	单位	本年累计借方发生额	本年累计贷方发生额	本年累计收入数量	本年累计发出数量	明细科目简称
其他货币资金	外埠存款									
	银行汇票	12 810.00								
	承兑保证金——中国建设银行扬州市广陵区支行——41588597514829	60 000.00								银行简称
	存出投资款——中国建设银行扬州市广陵区支行——62494049129950	100 000.00								
交易性金融资产	股票——宝钢股份——成本	21 000.00		2 000	股					公司简称（字号）
	股票——宝钢股份——公允价值变动	1 000.00								公司简称（字号）
	债券——徐工科技——成本				张					公司简称（字号）
	债券——徐工科技——公允价值变动									公司简称（字号）
应收票据	徐州振华科技公司	100 000.00								公司简称（字号）
	南京东大有限公司	50 000.00								B2
应收账款	徐州大地有限公司	150 000.00								公司简称（字号）
	扬州飞跃有限公司	100 000.00								A2
	徐州淮海有限公司	1 000.00								
预付账款	南京河海有限公司									公司简称（字号）
	财产保险费									
	汽车保险费									
应收股利	江西铜业									公司简称（字号）
应收利息	徐工科技									公司简称（字号）

(续表)

总账科目	明细账科目	借方余额	贷方余额	数量	单位	本年累计借方发生额	本年累计贷方发生额	本年累计收入数量	本年累计发出数量	明细科目简称
其他应收款	李津	5 000.00								
	王菲	1 000.00								B公司
	王群忠									
坏账准备	应收账款坏账准备		12 550.00							
	其他应收款坏账准备		300.00							
在途物资	白砂糖	19 000.00		9 500						商品、材料简称
原材料	白砂糖	86 000.00		21 500	千克					材料简称
	葡萄糖	105 000.00		17 500	千克					材料简称
	炼乳	54 000.00		22 500	千克					材料简称
库存商品	硬糖	200 000.00		10 000	件					商品简称
	奶糖	840 000.00		30 000	件					商品简称
	果酸乳汁	480 000.00		40 000	打					果酸乳汁
应收退货成本	硬糖	1 500.00		60	件					
	奶糖	4 050.00		150	件					
	果酸乳汁	2 000.00		200	打					
周转材料	包装物——包装袋	6 000.00		1 200	个					包装物简称
	包装物——塑料瓶	3 600.00		3 000	瓶					低值易耗品简称
	低值易耗品——文件柜	600.00		3	个					低值易耗品简称
长期股权投资	常州浩方有限公司——成本40%	100 000.00								公司简称（字号）
	常州浩方有限公司——损益调整	1 000.00								公司简称（字号）
	T公司——其他权益变动									公司简称（字号）
	T公司——其他综合收益									公司简称（字号）

(续表)

总账科目	明细账科目	借方余额	贷方余额	数量	单位	本年累计借方发生额	本年累计贷方发生额	本年累计收入数量	本年累计发出数量	明细科目简称
长期股权投资减值准备	T公司									公司简称（字号）
固定资产	生产设备——S101	360 000.00								固定资产名称简称
	生产设备——S102	240 000.00								
	生产设备——S103									
	运输工具——东风汽车C101	500 000.00								
	运输工具——大众汽车C102	240 000.00								固定资产名称简称
	电子设备——K104	50 000.00								
	电子设备——D103	40 000.00								固定资产名称简称
	房屋及建筑物——B202	5 000 000.00								
	房屋及建筑物——B201	400 000.00								固定资产名称简称
	房屋及建筑物——B301	600 000.00								固定资产名称简称
	融资租入固定资产——××									固定资产名称简称
	工具器具及家具——格力空调K102	13 600.00								
	工具器具及家具——格力空调	6 000.00								
	电子设备——戴尔电脑J101	8 000.00								
累计折旧			2 781 168.00							

(续表)

总账科目	明细账科目	借方余额	贷方余额	数量	单位	本年累计借方发生额	本年累计贷方发生额	本年累计收入数量	本年累计发出数量	明细科目简称
投资性房地产累计折旧										
在建工程	在安装设备——S103									在建工程名称简称
	建筑工程——办公楼A	200 000.00								
固定资产清理	电子设备——D103									固定资产名称简称
	工具器具及家具——格力空调									
无形资产	专利权——Z101	200 000.00								无形资产名称简称
	商标权——KV	30 000.00								无形资产名称简称
	非专利技术——S	100 000.00								
累计摊销	专利权——Z101		26 666.72							无形资产名称简称
	商标权——B102		4 000.00							无形资产名称简称
	非专利技术——S		23 333.24							
待处理财产损溢	待处理流动资产损溢									
	待处理固定资产损溢									
短期借款	中国银行扬州市广陵区支行——合同号:00091		600 000.00							银行简称
	中国银行扬州市广陵区支行——合同号:00093									
应付票据	扬州东井有限公司									公司简称（字号）
	南京华东有限公司									公司简称（字号）

(续表)

总账科目	明细账科目	借方余额	贷方余额	数量	单位	本年累计借方发生额	本年累计贷方发生额	本年累计收入数量	本年累计发出数量	明细科目简称
应付账款	徐州华为科技有限公司		24 800.00							公司简称（字号）
	镇江大福有限公司									公司简称（字号）
合同负债	镇江恒发有限公司		100 000.00							公司简称（字号）
应付职工薪酬	工资		147 580.00							
	职工福利									
	社会保险费——医疗保险		14 758.00							
	设定提存计划——养老保险		23 612.80							
	设定提存计划——失业保险		737.90							
	社会保险费——工伤保险		295.16							
	住房公积金		14 758.00							
	工会经费		2 969.48							
	职工教育经费		3 711.85							
	累积带薪缺勤									
应交税费	应交增值税——进项税额									
	应交增值税——已交税金									
	应交增值税——减免税款									
	应交增值税——出口抵减内销产品应纳税额									
	应交增值税——转出未交增值税									
	应交增值税——销项税额									
	应交增值税——出口退税									

(续表)

总账科目	明细账科目	借方余额	贷方余额	数量	单位	本年累计借方发生额	本年累计贷方发生额	本年累计收入数量	本年累计发出数量	明细科目简称
应交税费	应交增值税——进项税额转出									
	应交增值税——转出多交增值税									
	未交增值税		253 100.00							
	待抵扣进项税额									
	应交消费税									
	应交企业所得税		36 715.88							
	应交资源税									
	应交土地增值税									
	应交城市维护建设税		17 717.00							
	应交教育费附加		7 593.00							
	应交地方教育附加		5 062.00							
	应交房产税									
	应交土地使用税									
	应交车船税									
	应交个人所得税		113.21							
	应交矿产资源补偿费									
	应交印花税									
	应交工会经费(江苏省专用)									
应付利息	短期借款——中国银行扬州广陵区支行——合同号:00091		1 100.00							银行简称
	短期借款——中国银行扬州广陵区支行——合同号:00093									银行简称
	长期借款——中国银行									银行简称
	债券——××公司									公司简称(字号)
应付利润	徐州广发有限公司									公司简称(字号)
	徐州微微有限公司									公司简称(字号)

(续表)

总账科目	明细账科目	借方余额	贷方余额	数量	单位	本年累计借方发生额	本年累计贷方发生额	本年累计收入数量	本年累计发出数量	明细科目简称
其他应付款	徐州大地有限公司		2 000.00							公司简称（字号）
	社会保险费——医疗保险									
	设定提存计划——养老保险									
	设定提存计划——失业保险									
	住房公积金									
递延收益										
长期借款	中国银行——合同号:55312——本金									银行简称
	中国银行——合同号:55312——利息调整									银行简称
预计负债	应付退货款——硬糖		2 400	60	件					
	应付退货款——奶糖		8 400	150	件					
	应付退货款——果酸乳汁		5 400	200	打					
实收资本	徐州广发有限公司		28 750 000.00							公司简称（字号）
	徐州微微有限公司		10 624 750.00							公司简称（字号）
资本公积	资本溢价		840 000.00							
	其他资本公积									
其他综合收益	可供出售金融资产公允价值变动									
	被投资单位其他综合收益变动									
盈余公积	法定盈余公积		276 724.47							
	任意盈余公积									
本年利润			1 885 854.60							

(续表)

总账科目	明细账科目	借方余额	贷方余额	数量	单位	本年累计借方发生额	本年累计贷方发生额	本年累计收入数量	本年累计发出数量	明细科目简称
利润分配	提取法定盈余公积									
	提取任意盈余公积									
	应付现金股利									
	应付利润									
	转作股本的股利									
	盈余公积补亏									
	未分配利润		6 557 687.70							
生产成本	基本生产成本——硬糖——直接材料	5 000.00		500						产品简称
	基本生产成本——硬糖——直接人工	1 250.00		500						产品简称
	基本生产成本——硬糖——制造费用	1 250.00		500						产品简称
	基本生产成本——奶糖——直接材料									产品简称
	基本生产成本——奶糖——直接人工									产品简称
	基本生产成本——奶糖——制造费用									产品简称
	基本生产成本——果酸乳汁——直接材料									
	基本生产成本——果酸乳汁——直接人工									
	基本生产成本——果酸乳汁——制造费用									
制造费用	办公费									
	房租									
	财产保险费									
	物业管理费									
	水电费									
	市内交通费									
	差旅费									
	通信费									
	工资									

(续表)

总账科目	明细账科目	借方余额	贷方余额	数量	单位	本年累计借方发生额	本年累计贷方发生额	本年累计收入数量	本年累计发出数量	明细科目简称
制造费用	职工福利费									
	社会保险费									
	住房公积金									
	工会经费									
	职工教育经费									
	机物料消耗									
	低值易耗品摊销									
	折旧费									
研发支出	费用化支出									
	资本化支出									
主营业务收入	商品销售收入 ——硬糖 ——奶糖 ——果酸乳汁									商品简称
其他业务收入	出租固定资产收入									
	出租无形资产收入									
	出租包装物和商品收入									
	材料销售收入——白砂糖									
	包装物销售收入									
	没收押金收入									
公允价值变动损益	交易性金融资产公允价值变动									
投资收益	交易手续费									
	股利收入									
	利息收入									
	出售金融资产收益——出售金融商品收益									
	出售金融资产收益——出售股权收益									
	出售股权收益									
	出售长期股权投资收益									

(续表)

总账科目	明细账科目	借方余额	贷方余额	数量	单位	本年累计借方发生额	本年累计贷方发生额	本年累计收入数量	本年累计发出数量	明细科目简称
营业外收入	非流动资产处置利得									
	非货币性资产交换利得									
	债务重组利得									
	政府补助									
	盘盈利得									
	捐赠利得									
	违约金收入									
	没收加收押金收入									
	罚款收入									
	其他									
主营业务成本	商品销售成本——硬糖									商品简称
	商品销售成本——奶糖									商品简称
	商品销售成本——果酸乳汁									商品简称
其他业务成本	出租固定资产折旧额									
	出租无形资产摊销额									
	出租包装物和商品成本									
	材料销售成本——白砂糖									
	包装物销售成本									
税金及附加	城市维护建设税									
	教育费附加									
	地方教育附加									
	车船税									
销售费用	包装费									
	广告宣传费									
	低值易耗品摊销									
	无形资产摊销费									
	工资									

(续表)

总账科目	明细账科目	借方余额	贷方余额	数量	单位	本年累计借方发生额	本年累计贷方发生额	本年累计收入数量	本年累计发出数量	明细科目简称
销售费用	职工福利费									
	社会保险费									
	住房公积金									
	工会经费									
	职工教育经费									
	办公费									
	水电费									
	差旅费									
	通信费									
	折旧费									
	租赁费									
	固定资产维修费									
	财产保险费									
	汽车费用									
	会务费									
	商品维修费									
	运输装卸费									
	样品费									
	商品保险费									
	展览费									
管理费用	咨询服务费									
	董事会会费									
	诉讼费									
	聘请中介机构费									
	税费									
	技术转让费									
	排污费									
	业务招待费									
	招聘费									
	交通费									
	低值易耗品摊销									
	无形资产摊销费									
	工资									
	职工福利费									

(续表)

总账科目	明细账科目	借方余额	贷方余额	数量	单位	本年累计借方发生额	本年累计贷方发生额	本年累计收入数量	本年累计发出数量	明细科目简称
管理费用	社会保险费									
	住房公积金									
	工会经费									
	职工教育经费									
	办公费									
	水电费									
	差旅费									
	通信费									
	折旧费									
	租赁费									
	矿产资源补偿费									
	固定资产维修费									
	财产保险费									
	汽车费用									
	会务费									
	盘盈利得									
	盘亏损失									
	研究费用									
	物业管理费									
财务费用	汇兑损益									
	利息支出									
	利息收入									
	工本费及手续费									
	现金折扣									
资产减值损失										
信用减值损失	坏账损失									
营业外支出	非流动资产处置损失									
	捐赠支出									
	非常损失									
	盘亏损失									

(续表)

总账科目	明细账科目	借方余额	贷方余额	数量	单位	本年累计借方发生额	本年累计贷方发生额	本年累计收入数量	本年累计发出数量	明细科目简称
营业外支出	罚款支出									
	违约金支出									
	滞纳金									
所得税费用	当期所得税费用									
以前年度损益调整										

4. 业务内容

业务内容见附录二。

5. 处理要求

（1）根据上述业务编制通用记账凭证（如果同一编号的经济业务需要编制一张以上记账凭证，一律采用分数编号法）。

（2）请根据本套业务编制科目汇总表。

（3）根据本套业务登记银行存款日记账。请登记银行存款日记账（中国建设银行扬州市广陵区支行，账号6671893980的人民币户日记账），并进行月度、年度结账及下年度开立。（登记日记账，不做每日合计）所给定账页第1行"年月日"栏为"2024年11月30日"，"摘要"栏为"承前页"，"借方金额"栏为"954 500.00"，"贷方金额"栏为"866 000.00"，"余额"栏为"41 358 199.01"；第2行"年月日"栏为"2024年11月30日"，"摘要"栏为"本月合计及余额"，"借方金额"栏为"954 500.00"，"贷方金额"栏为"866 000.00"，"余额"栏为"41 358 199.01"；第3行"年月日"栏为"2024年11月30日"，摘要栏为"本年累计及余额"，"借方金额"栏为"24 814 919.41"，贷方金额栏为"20 679 099.51"，"余额"栏为"41 358 199.01"。请先将上述数据过入账页的相应行次，接着登记2024年12月份的银行存款日记账。

（4）根据以下资料登记总账。请按旬采用科目汇总表账务处理程序登记管理费用的总账，并进行月度及年度结账，不要求编制科目汇总表。所给定账页第1行"年月日"栏为"2024年11月30日"，"摘要"栏为"承前页"，"借方金额"栏为"1 151 297.36"，"贷方金额"栏为"1 151 297.36"，"余额方向"栏为"平"，"余额"栏为"0"；所给定账页第2行"年月日"栏为"2024年11月30日"，"摘要"栏为"本月合计及余额"，"借方金额"栏为"98 845.56"，"贷方金额"栏为"98 845.56"，"余额方向"栏为"平"，"余额"栏为"0"；所给定账页第3行"年月日"栏为"2024年11月30日"，"摘要"栏为"本年累计及余额"，"借方金额"栏为"1 151 297.36"，"贷方金额"栏为"1 151 297.36"，"余额方向"栏为"平"，"余额"栏为"0"；请先将上述数据过入账页的相应行次，接着登记2024年12月份的管理费用总账。

（5）根据以下资料登记明细账。请登记"原材料——白砂糖"明细账，"原材料——白砂糖"1~11月份收入数量为"137 500"，借方金额累计为"660 000.00"，发出数量为"220 000"，贷方金额累计为"902 000.00"，并进行月度、年度结账及下年度开立。所给定账页第1行"年月日"栏为"2024年11月20日"，"摘要"栏为"承前页"，"收入（借方）数量"栏为"23 000"，"收入（借方）单价"栏为"4.00"，"收入（借方）金额"栏为"92 000.00"；"发出（贷方）数量"栏为"3 780"，"发出（贷方）单价"栏为"4.00"，"发出（贷方）金额"栏为"15 120.00"，结存数量"栏为"21 500"，"单价"栏为"4.00"，"结存金额"栏为"86 000.00"；第2行"年月日"栏为"2024年11月30日"，"摘要"栏为"本月合计及额"，"收入（借方）数量"栏为"23 000"，"收入（借方）单价"栏为"4.00"，"收入（借方）金额"栏为"92 000.00"；"发出（贷方）数量"栏为"3 780"，"发出（贷方）单价"栏为"4.00"，"发出（贷方）金额"栏为"15 120.00"，结存数量"栏为"21 500"，"单价"栏为"4.00"，"结存金额"栏为"86 000.00"；请先将上述数据过入账页的相应行次，接着登记2024年12月份"原材料——白砂糖"明细账，并进行月度结账。

（6）请根据本套业务相关资料，编制2024年12月的资产负债表和利润表。

（7）请根据本套业务相关资料，进行纳税申报。

附录一
徐州欣阳有限公司业务凭证

业务1 2024年9月1日,取得原始凭证1张。

材料暂估入库清单
2024-08-30　　　　　　　　　　　　　单位:元

材料名称	合同号	供货单位	数量	合同单价(不含税)	合同金额	入库日期
Z811	22089233	徐州红星有限公司	2 380	50	119 000.00	2024-08-30
合计					119 000.00	

审核:李云　　　　　　　　制单:江蕙

第三联 红冲联

业务2 2024年9月3日,取得原始凭证3张。

贴现凭证 (收款通知) ④

填写日期 2024 年 09 月 03 日　　第 1731 号

贴现汇票	种类	银行承兑汇票	号码 57785250	申请人	名称	徐州欣阳有限公司
	出票日	2024 年 08 月 21 日			账号	9819965277
	到期日	2025 年 02 月 21 日			开户银行	中国建设银行徐州市泉山区支行

汇票承兑人(或银行)	名称 中国建设银行徐州市鼓楼区支行	账号	开户银行

汇票金额(即贴现金额)　人民币(大写) 贰拾壹万零伍佰贰拾陆元叁角贰分　¥ 2 1 0 5 2 6 3 2

贴现率 每月 6‰　贴现利息 ¥ 7 2 0 0 0 0　实付贴现金额 ¥ 2 0 3 3 2 6 3 2

上述款项入你单位账号。
此致
贴现申请人 (徐州欣阳有限公司 财务专用章) 王健　　银行盖章 (中国建设银行徐州市泉山区支行 2024-09-03 转讫(01))

备注:

此联银行给申请人的收款通知

银行承兑汇票

10503251
55018115

出票日期（大写）　贰零贰肆 年 零捌 月 贰拾壹 日

出票人全称	徐州GD有限公司	收款人	全称	徐州欣阳有限公司
出票人账号	41735801519223		账号	9819965277
付款行名称	中国建设银行徐州市鼓楼区支行		开户银行	中国建设银行徐州市泉山区支行

出票金额（大写）人民币 贰拾壹万零伍佰贰拾陆元叁角贰分　￥21052632

汇票到期日（大写）	贰零贰伍年零贰月贰拾壹日	付款行	行号	105310482913924
承兑协议编号	55042913		地址	江苏省徐州市鼓楼区彭怀街孟立路29号

本汇票请你行承兑，到期无条件付款。

出票人签章　　备注　　复核　　记账

电子发票（普通发票）

发票号码：24322000000000087657
开票日期：2024年09月03日

购买方信息	名称：徐州欣阳有限公司 统一社会信用代码/纳税人识别号：913203119758888213	销售方信息	名称：中国建设银行徐州市泉山区支行 统一社会信用代码/纳税人识别号：9132035180038438

项目名称	规格型号	单位	数量	单价	金额	税率/征收率	税额
*金融服务*票据贴现			1	6792.45	6792.45	6%	407.55
合计					￥6792.45		￥407.55
价税合计（大写）	柒仟贰佰元整				（小写）￥7200.00		

备注

开票人：刘玉彬

被背书人 中国建设银行徐州市泉山区支行	被背书人	被背书人	（贴粘单处）
[徐州欣阳有限公司 财务专用章] [王健] 背书人签章 2024 年 09 月 03 日	背书人签章 年 月 日	背书人签章 年 月 日	

业务 3 2024年9月4日,取得原始凭证3张。

电子发票(增值税专用发票)　　发票号码:24322000000000057767
　　　　　　　　　　　　　　　　开票日期:2024年09月04日

| 购买方信息 | 名称:徐州欣阳有限公司 统一社会信用代码/纳税人识别号:913203119758888213 | 销售方信息 | 名称:苏州万达有限公司 统一社会信用代码/纳税人识别号:913205080781976824 |

项目名称	规格型号	单位	数量	单价	金额	税率/征收率	税额
*金属铸件*Z811		千克	3000	50	150000.00	13%	19500.00
合计					¥150000.00		¥19500.00
价税合计(大写)	⊗ 壹拾陆万玖仟伍佰元整				(小写) ¥169500.00		
备注							

开票人:张淑敏

收 料 单

供应单位:苏州万达有限公司　　2024年09月04日　　编号 SL080

材料编号	名称	单位	规格	数量		实际成本			
				应收	实收	单价	发票价格	运杂费	总价
GL01	Z811	千克		3 000	3 000				
备注:									

收料人:张鹏宇　　　　　　　　　　交料人:董剑英

购买方信息	名称：徐州欣阳有限公司				销售方信息	名称：苏州恒通物流有限公司		
	统一社会信用代码/纳税人识别号：913203119758888213					统一社会信用代码/纳税人识别号：913205080682415132		

发票号码：24322000000000082692
开票日期：2024年09月04日

货物运输服务

电子发票（增值税专用发票）

项目名称	单位	数量	单价	金额	税率/征收率	税额
*运输服务*运输费	次	1	1000	1000.00	9%	90.00
合计				¥1000.00		¥90.00

运输工具种类	运输工具牌号	起运地	到达地	运输货物名称
公路运输	苏B30757	苏州市姑苏区	徐州市泉山区	Z811

价税合计（大写）　壹仟零玖拾元整　　　　（小写）¥1090.00

备注：直接与承运企业结算

开票人：解红

业务4　2024年9月6日，取得原始凭证1张。

中国建设银行
转账支票存根
10501821
00006712
附加信息　付款行账号：
9819965277
出票日期 2024年09月06日
收款人：徐州万达有限公司
金　额：¥114890.00
用　途：支付期初前欠货款
单位主管　　会计

业务 5 2024 年 9 月 9 日,取得原始凭证 1 张。

中国建设银行客户专用回单

转账日期: 2024 年 09 月 09 日

凭证字号: 202409093232037411

纳税人全称及纳税人识别号:徐州欣阳有限公司91320311975888213

付款人全称:徐州欣阳有限公司	
付款人账号:9819965277	征收机关名称:徐州市泉山区税务局
付款人开户银行:中国建设银行徐州市泉山区支行	收缴国库(银行)名称:国家金库徐州市泉山区支库
小写(合计)金额 ¥16.95	缴款书交易流水号:20240909323203675819
大写(合计)金额 人民币 壹拾陆元玖角伍分	税票号码:042020451416896342
税(费)种名称 所属时期	实缴金额
个人所得税 20240801-20240831	¥16.95

业务 6 2024 年 9 月 11 日,取得原始凭证 4 张。

中国建设银行
转账支票存根
10501821

00006713

附加信息 付款行账号:
9819965277

出票日期 2024 年 09 月 11 日

收款人:徐州欣阳有限公司

金 额:¥64 298.55

用 途:支付工资

单位主管   会计

截至本月累计专项附加扣除

2024-09　　　　　　　　　　　　　　　　　　　　　　　　单位:元

姓名	累计子女教育	累计住房贷款利息	累计住房租金	累计赡养老人	累计继续教育
王　健					
马　聪					
张鹏宇					
李　云					
江　惠					
张彦宏					
史玉柱					
陈　珂					
赵　耀					
魏雨晨					
林辰奕					
袁婧姝					
袁林岳					
李雅晨					
孟筱璇					
王子俊					
袁梓祎					
徐丽涵					
翁文双					
丁唯唯					
合　计	0.00	0.00	0.00	0.00	0.00

制表:江惠　　　　　　　　　　　　　　　　　　　　　　　　审核:李云

工资薪金所得个税税款计算表

2024-09　　　　　　　　　　　　　　　　　　　　　　　　　　单位:元

姓名	累计收入	累计减除费用	累计代扣三险一金合计	累计专项附加扣除合计	累计应纳税所得额	累计应扣缴税额	已缴税额	应补（退）税额
王 健	63 000.00	45 000.00	12 915.00		5 085.00	152.55	135.60	16.95
马 聪	45 000.00	45 000.00	9 225.00					
张鹏宇	30 600.00	45 000.00	6 273.00					
李 云	40 500.00	45 000.00	8 302.50					
江 惠	50 400.00	45 000.00	10 332.00					
张彦宏	30 600.00	45 000.00	6 273.00					
史玉柱	36 000.00	45 000.00	7 380.00					
陈 珂	30 600.00	45 000.00	6 273.00					
赵 耀	36 000.00	45 000.00	7 380.00					
魏雨晨	30 600.00	45 000.00	6 273.00					
林辰奕	30 600.00	45 000.00	6 273.00					
袁婧姝	36 000.00	45 000.00	7 380.00					
袁林岳	41 400.00	45 000.00	8 487.00					
李雅晨	36 000.00	45 000.00	7 380.00					
孟筱璇	37 800.00	45 000.00	7 749.00					
王子俊	30 600.00	45 000.00	6 273.00					
袁梓祎	30 600.00	45 000.00	6 273.00					
徐丽涵	30 600.00	45 000.00	6 273.00					
翁文双	30 600.00	45 000.00	6 273.00					
丁唯唯	30 600.00	45 000.00	6 273.00					
合 计						152.55	135.60	16.95

制表:江蕙　　　　　　　　　　　　　　　　　　　　　　　　　　审核:李云

工资发放明细表

2024-09-11　　　　　　　　　　　　　　　　　　　　　　　　　　　　单位:元

姓名	部门	岗位	应付工资	代扣三险一金				代扣个人所得税	实发工资
				代扣医疗保险	代扣养老保险	代扣失业保险	代扣住房公积金		
王 健	办公室	法定代表人	7 000.00	140.00	560.00	35.00	700.00	16.95	5 548.05
马 聪	办公室	总经理	5 000.00	100.00	400.00	25.00	500.00	0.00	3 975.00
张鹏宇	办公室	仓管员	3 400.00	68.00	272.00	17.00	340.00	0.00	2 703.00
李 云	财务部	财务经理	4 500.00	90.00	360.00	22.50	450.00	0.00	3 577.50
江 蕙	财务部	会计	5 600.00	112.00	448.00	28.00	560.00	0.00	4 452.00
张彦宏	财务部	出纳	3 400.00	68.00	272.00	17.00	340.00	0.00	2 703.00
史玉柱	采购部	采购经理	4 000.00	80.00	320.00	20.00	400.00	0.00	3 180.00
陈 珂	采购部	采购员	3 400.00	68.00	272.00	17.00	340.00	0.00	2 703.00
赵 耀	销售部	销售经理	4 000.00	80.00	320.00	20.00	400.00	0.00	3 180.00
魏雨晨	销售部	销售员	3 400.00	68.00	272.00	17.00	340.00	0.00	2 703.00
林辰奕	销售部	销售员	3 400.00	68.00	272.00	17.00	340.00	0.00	2 703.00
袁婧姝	在建工程部	职员	4 000.00	80.00	320.00	20.00	400.00	0.00	3 180.00
袁林岳	生产车间	生产车间主任	4 600.00	92.00	368.00	23.00	460.00	0.00	3 657.00
李雅晨	生产车间	生产车间主任	4 000.00	80.00	320.00	20.00	400.00	0.00	3 180.00
孟筱璇	生产车间	生产质检	4 200.00	84.00	336.00	21.00	420.00	0.00	3 339.00
王子俊	生产车间	车间工人	3 400.00	68.00	272.00	17.00	340.00	0.00	2 703.00
袁梓祎	生产车间	车间工人	3 400.00	68.00	272.00	17.00	340.00	0.00	2 703.00
徐丽涵	生产车间	车间工人	3 400.00	68.00	272.00	17.00	340.00	0.00	2 703.00
翁文双	生产车间	车间工人	3 400.00	68.00	272.00	17.00	340.00	0.00	2 703.00
丁唯唯	生产车间	车间工人	3 400.00	68.00	272.00	17.00	340.00	0.00	2 703.00
合计			80 900.00	1 618.00	6 472.00	404.50	8 090.00	16.95	64 298.55

制表:江蕙　　　　　　　　　审核:李云

业务7 2024年9月11日,取得原始凭证1张。

中国建设银行客户专用回单

转账日期: 2024 年 09 月 11 日

凭证字号: 202409113232037147

纳税人全称及纳税人识别号: 徐州欣阳有限公司913203119758888213	
付款人全称: 徐州欣阳有限公司	征收机关名称: 徐州市泉山区税务局
付款人账号: 9819965277	收缴国库(银行)名称: 国家金库徐州市泉山区支库
付款人开户银行: 中国建设银行徐州市泉山区支行	缴款书交易流水号: 20240911323203760 5351
小写(合计)金额 ¥28 000.00	税票号码: 042024339420930802
大写(合计)金额 人民币 贰万捌仟元整	实缴金额

税(费)种名称	所属时期	
增值税	20240801-20240831	¥28 000.00

业务8 2024年9月11日,取得原始凭证1张。

中国建设银行客户专用回单

转账日期: 2024 年 09 月 11 日

凭证字号: 202409113232034942

纳税人全称及纳税人识别号: 徐州欣阳有限公司913203119758888213	
付款人全称: 徐州欣阳有限公司	征收机关名称: 徐州市泉山区税务局
付款人账号: 9819965277	收缴国库(银行)名称: 国家金库徐州市泉山区支库
付款人开户银行: 中国建设银行徐州市泉山区支行	缴款书交易流水号: 20240911323203192 3072
小写(合计)金额 ¥3 360.00	税票号码: 042024468572285161
大写(合计)金额 人民币 叁仟叁佰陆拾元整	实缴金额

税(费)种名称	所属时期	
城市维护建设税	20240801-20240831	¥1 960.00
教育费附加	20240801-20240831	¥840.00
地方教育附加	20240801-20240831	¥560.00

业务9　2024年9月11日，取得原始凭证1张。

中国建设银行客户专用回单

转账日期：2024 年 09 月 11 日

凭证字号：2024091132320357

纳税人全称及纳税人识别号：徐州欣阳有限公司913203119758888213	
付款人全称：徐州欣阳有限公司	征收机关名称：徐州市泉山区税务局
付款人账号：9819965277	收缴国库（银行）名称：国家金库徐州市泉山区支库
付款人开户银行：中国建设银行徐州市泉山区支行	缴款书交易流水号：20240911323203833475
小写（合计）金额 ￥58 620.00	税票号码：042024245434817162
大写（合计）金额 人民币 伍万捌仟陆佰贰拾元整	实缴金额
税（费）种名称　　所属时期	
企业所得税　　20240801-20240831	￥58 620.00

业务10　2024年9月11日，取得原始凭证1张。

中国建设银行客户专用回单

转账日期：2024 年 09 月 11 日

凭证字号：2024091132320314

纳税人全称及纳税人识别号：徐州欣阳有限公司913203119758888213	
付款人全称：徐州欣阳有限公司	征收机关名称：徐州市泉山区税务局
付款人账号：9819965277	收缴国库（银行）名称：国家金库徐州市泉山区支库
付款人开户银行：中国建设银行徐州市泉山区支行	缴款书交易流水号：20240911323203926268
小写（合计）金额 ￥30 094.8	税票号码：042020429428414543
大写（合计）金额 人民币 叁万零玖拾肆元捌角整	实缴金额
税（费）种名称　　所属时期	
基本医疗保险本金　2024-09-01 2024-09-30	￥9 708.00
基本养老保险本金　2024-09-01 2024-09-30	￥19 416.00
基本失业保险本金　2024-09-01 2024-09-30	￥809.00
基本工伤保险本金　2024-09-01 2024-09-30	￥161.80

业务 11 2024 年 9 月 12 日，取得原始凭证 2 张。

中国建设银行
转账支票存根
10501821
00006714

附加信息 付款行账号：
9819965277

出票日期 2024 年 09 月 12 日
收款人：徐州市住房公积金管理中心
金　额：￥16 180.00
用　途：缴纳住房公积金

单位主管　　会计

中国建设银行 进账单（回单）　1
2024 年 09 月 12 日

出票人	全称	徐州欣阳有限公司	收款人	全称	徐州市住房公积金管理中心
	账号	9819965277		账号	41541772185526
	开户银行	中国建设银行徐州市泉山区支行		开户银行	中国建设银行徐州市泉山区支行

| 金额 | 人民币（大写） | 壹万陆仟壹佰捌拾元整 | 亿 | 千 | 百 | 十万 | 千 | 百 | 十 | 元 | 角 | 分 |
| | | | | | | ￥1 | 6 | 1 | 8 | 0 | 0 | 0 |

| 票据种类 | 转账支票 | 票据张数 | 1 |
| 票据号码 | 1050182100006714 | | |

中国建设银行
徐州市泉山区支行
2024-09-12
办讫
(01)

复核　　记账　　　　　　　　　　开户银行签章

此联是开户银行交给持（出）票人的回单

业务 12 2024 年 9 月 13 日，取得原始凭证 2 张。

股东会决议

经全体股东审议，将本公司注册资本由 30 000 000.00 元增加至 31 800 000.00 元，一致通过如下决议：

一、增资股东身份情况

（略）

（二）增资股东出资情况

股东名称	认缴新增注册资本	认缴比例	实际出资金额	实际出资额占全体股东出资	出资到位日期	出资方式
徐州大鹏有限公司	1 800 000.00	5.66%	1 800 000.00	5.57%	2024-09-13	货币资金

三、增资后各股东持股比例

股东名称	实际出资情况			
	变更前		变更后	
	金额	所占份额	金额	所占份额
徐州飞扬股份有限公司	20 000 000.00	66.67%	20 000 000	62.89%
徐州 D 股份有限公司	10 000 000.00	33.33%	10 000 000	31.45%
徐州大鹏有限公司	0.00	0.00%	1 800 000.00	5.66%

股东代表签字：孙政　陈伟达　赵涛　岳剑峰

2024 年 09 月 13 日

中国建设银行客户专用回单

币别：人民币　　　　2024 年 09 月 13 日　　流水号 320320027J0500810080

付款人	全称	徐州大鹏有限公司	收款人	全称	徐州欣阳有限公司
	账号	41856794153020		账号	9819965277
	开户行	中国建设银行徐州市鼓楼区支行		开户行	中国建设银行徐州市泉山区支行
金额	（大写）人民币 壹佰捌拾万元整			（小写）¥1 800 000.00	
凭证种类	电汇凭证		凭证号码		
结算方式	电子汇划汇入		用途	投资款	
			打印柜员：320325584257 打印机构：中国建设银行徐州市鼓楼区支行电子回单 打印卡号：41856794153020		

打印时间：2024-09-13　　交易柜员：320325584257　　交易机构：320310550

业务13 2024年9月13日，取得原始凭证2张。

中国建设银行客户专用回单

币别：人民币　　　　　2024 年 09 月 13 日　　　流水号 320320027J0500810003

付款人	全称	徐州欣阳有限公司	收款人	全称	天健会计师事务所有限公司
	账号	9819965277		账号	41552164614050
	开户行	中国建设银行徐州市泉山区支行		开户行	中国建设银行北京市房山区支行
金额	（大写）人民币 叁仟壹佰捌拾元整			（小写）¥3180.00	
凭证种类	网银		凭证号码		
结算方式	转账		用途	支付审计费	

打印柜员：320325584257
打印机构：中国建设银行徐州市泉山区支行
打印卡号：9819965277

（中国建设银行专用章）

打印时间：2024-09-13　　交易柜员：320325584268　　交易机构：320310545

发票号码：24112000000000043762
开票日期：2024年09月12日

购买方信息	名称：徐州欣阳有限公司 统一社会信用代码/纳税人识别号：913203119758888213	销售方信息	名称：天健会计师事务所有限公司 统一社会信用代码/纳税人识别号：911101118249330053

项目名称	规格型号	单位	数量	单价	金额	税率/征收率	税额
*咨询服务*审计费		次	1	3000	3000.00	6%	180.00
合计					¥3000.00		¥180.00
价税合计（大写）	⊗ 叁仟壹佰捌拾元整				（小写）¥3180.00		
备注							

开票人：张雷

业务 14 2024 年 9 月 14 日,取得原始凭证 1 张。

电子发票(增值税专用发票)　发票号码:24322000000000092069
开票日期:2024年09月14日

购买方信息	名称: 徐州欣阳有限公司			销售方信息	名称: 南京五环有限公司		
	统一社会信用代码/纳税人识别号: 913203119758888213				统一社会信用代码/纳税人识别号: 913201139049909436		

项目名称	规格型号	单位	数量	单价	金额	税率/征收率	税额
*金属铸件*Z811		千克	2000	50.00	100000.00	13%	13000.00
*金属铸件*Y812		千克	1000	30.00	30000.00	13%	3900.00
合计					¥130000.00		¥16900.00
价税合计(大写)	⊗ 壹拾肆万陆仟玖佰元整				(小写) ¥146900.00		
备注							

开票人:孙海虹

业务 15 2024 年 9 月 14 日,取得原始凭证 1 张。

收 料 单

供应单位:南京五环有限公司　　2024 年 09 月 14 日　　编号 SL1372

材料编号	名称	单位	规格	数量		实际成本			
				应收	实收	单价	发票价格	运杂费	总价
GL01	Z811	千克		2 000	2 000				
GL02	Y812	千克		1 000	1 000				
备注									

收料人:张鹏宇　　　　　　　　　　　　　交料人:车福林

业务 16 2024 年 9 月 16 日,取得原始凭证 5 张。

借 款 单

2024 年 08 月 10 日　　　　　　　　　　　　NO 61946

借款人:陈珂	所属部门:采购部
借款用途:预借差旅费	
借款金额:人民币(大写)捌佰元整　　　　　¥800.00	
部门负责人审批:同意　史玉柱 2024.08.10	借款人(签章):陈珂 2024.08.10
财务部门审核:同意　李云 2024.08.10	
单位负责人批示:同意	签字:马聪 2024.08.10
核销记录:收回差旅费多余借款 40.00	

差旅费报销单

2024 年 09 月 16 日

附原始单据 2 张

姓名	陈珂			工作部门		采购部			出差事由		洽谈商务			
日期		地点		车船费			深夜补贴	途中补贴	住勤费			旅馆费	公交费	金额合计
起	迄	起	迄	车次或船名	时间	金额			地区	天数	补贴			
09月11日	09月13日	徐州市	嘉兴市	动车		571.00			嘉兴市	3	189.00			760.00

现金收讫

报销金额(大写)人民币 柒佰陆拾元整　　　　　　　　　　　合计(小写) ￥760.00

补付金额：　　　　　　　　　　　　　　　退回金额：￥40.00

领导批准：马聪　会计主管：李云　部门负责人：史玉柱　审核：江惠　报销人：陈珂

R458195　检票：二层3号检票口
徐州 Xuzhou → D2913次 嘉兴 Jiaxing 站
2024年09月11日 8:00开　10车01C号
￥285.50元　网折　二等座
限乘当日当次车
3203111992****8739 陈珂
238192102505R22214159　徐州东售

R205839　检票：二层8号检票口
嘉兴 Jiaxing → D3110次 徐州 Xuzhou 站
2024年09月13日 16:10开　03车01E号
￥285.50元　网折　二等座
限乘当日当次车
3203111992****8739 陈珂
238192102505R22242328　嘉兴北售

徐州欣阳有限公司业务凭证

收 款 收 据

NO.227723

2024 年09月16日

今 收 到 陈珂

现金收讫

交 来：退还差旅费多余额

金额(大写)　零佰　零拾　零万　零仟　零佰　肆拾　零元　零角　零分

￥ 40.00　　☑现金　□转账支票　□其他

收款单位(盖章)

核准　　会计　　记账　　出纳 张彦宏　经手人 陈珂

第三联交财务

业务 17 2024 年 9 月 16 日,取得原始凭证 4 张。

销 售 单

购货单位:金坛上源有限公司　　地址和电话:金坛新区路 32 号 83317547　　单据编号:XS7103
纳税识别号:913204827979721661
开户行及账号:中国工商银行常州市金坛市支行 41834462135755

制单日期:2024-09-16

编码	产品名称	规格	单位	单价	数量	金额	备注
SP01	C205		件	632.80	2 500	1 582 000.00	含税价
SP02	P206		件	1 582.00	1 200	1 898 400.00	含税价
合计	人民币(大写):叁佰肆拾捌万零肆佰元整				—	￥3 480 400.00	

销售经理:魏雨晨　　　经手人:林辰奕　　　会计:江蕙　　　签收人:刘金花

电子发票(增值税专用发票)

发票号码:24322000000000026716
开票日期:2024 年 09 月 16 日

购买方信息	名称:金坛上源有限公司 统一社会信用代码/纳税人识别号:913204827979721661		销售方信息	名称:徐州欣阳有限公司 统一社会信用代码/纳税人识别号:913203119758888213				
项目名称		规格型号	单位	数量	单价	金额	税率/征收率	税额
*金属铸件*C205			件	2500	560.00	1400000.00	13%	182000.00
*金属铸件*P206			件	1200	1400.00	1680000.00	13%	218400.00
合计						￥3080000.00		￥400400.00
价税合计(大写)	⊗ 叁佰肆拾捌万零肆佰元整					(小写) ￥3480400.00		
备注								

开票人:张彦宏

购销合同

购方：金坛上源有限公司　　　　　　　合同编号：202415
销方：徐州欣阳有限公司　　　　　　　签订地点：徐州市

供需双方本着互利互惠、长期合作的原则，根据《中华人民共和国民法典》及双方的实际情况，就需方向供方采购事宜，订立本合同，以使双方在合同履行中共同遵守。

一、产品名称、数量、单价、金额：

产品名称	规格型号	计量单位	数量	单价	金额	备注
C205		件	2500	632.80	1582000.00	含税金额
P206		件	1200	1582.00	1898400.00	
合计					¥3480400.00	

合计人民币（大写）：叁佰肆拾捌万零肆佰元整

二、质量要求、技术标准、供方对质量负责的条件和期限：按合同企业标准。

三、(1) 交（提）货地点、方式：江苏省徐州市泉山区欣阳路1号

(2) 交货日期：2024-09-16

四、付款时间与付款方式：

五、运输方式及到站、港和费用负担：销售方承担

六、合理损耗及计算方法：以实际数量验收。

七、包装标准、包装物的供应与回收：普通包装，不回收包装物。

八、验收标准、方法及提出异议期限：

货到需方七天内提出质量异议，不包括运输过程中造成的质量问题。

自收到货物的30天内可以提出退货，运费由购货方承担。

九、违约责任：按《民法典》

十、解决合同纠纷的方式：双方协商解决。

十一、其他约定事项：

本合同一式两份，需、供双方各一份，经双方盖章后即生效。

购方（盖章）：金坛上源有限公司	购方（盖章）：徐州欣阳有限公司
单位地址：江苏省常州市金坛市史月街高立路49号	单位地址：江苏省徐州市泉山区欣欣路1号
电　话：0519-41089756	电　话：516-22405488
签订日期：2024-08-01	签订日期：2024-08-01
开户银行：中国工商银行常州市金坛市支行	开户银行：中国建设银行徐州市泉山区支行
账　号：41834462135755	账　号：9819965277

经理办公会议纪要

企业根据销售及退货情况分析,各产品的退货率为2%。

参加人员: 马聪 李云 赵耀

2024 年 09 月 16 日

业务18 2024年9月16日,取得原始凭证2张。

电子发票(增值税专用发票)

发票号码:24322000000000066593
开票日期:2024年09月15日

购买方信息	名称:徐州欣阳有限公司 统一社会信用代码/纳税人识别号:913203119758888213		销售方信息	名称:常州圆圆物流有限公司 统一社会信用代码/纳税人识别号:913204026241565482	

项目名称	单位	数量	单价	金额	税率/征收率	税额
*货物运输服务*运输费	次	1	1000.00	1000.00	9%	90.00
合计				¥1000.00		¥90.00

运输工具种类	运输工具牌号	起运地	到达地	运输货物名称
公路运输	苏B78908	常州市天宁区	徐州市泉山区	C205、P206

价税合计(大写)	壹仟零玖拾元整	(小写) ¥1090.00

备注:

开票人:李智芳

中国建设银行客户专用回单

币别：人民币　　　　2024 年 09 月 16 日　　　流水号 320320027J0500810011

付款人	全称	徐州欣阳有限公司	收款人	全称	常州圆圆物流有限公司
	账号	9819965277		账号	41622124709577
	开户行	中国建设银行徐州市泉山区支行		开户行	中国建设银行常州市天宁区支行
金　额	（大写）人民币 壹仟零玖拾元整			（小写）￥1 090.00	
凭证种类	网银		凭证号码		
结算方式	转账		用途	支付运输费	

打印柜员：320325584257
打印机构：中国建设银行徐州市泉山区支行
打印卡号：9819965277

（中国建设银行电子回单专用章）

打印时间：2024-09-16　　交易柜员：320325584268　　交易机构：320310558

业务 19　2024 年 9 月 17 日，取得原始凭证 1 张。

特殊事项处理说明

日期：2024 年 09 月 17 日

说明事项	徐州天猫有限公司于 2024 年 09 月 16 日借用本公司的包装箱 1 只，期限一年，合同约定徐州天猫有限公司应于 2024 年 09 月 16 日归还包装箱，本公司应退还 1 130.00 元押金。因对方未按期归还借用的包装箱，本公司不再退还押金，予以没收。

批准：马聪　　　　审核：李云　　　　说明人：江蕙

业务20 2024年9月17日，取得原始凭证1张。

中国建设银行客户专用回单

币别：人民币　　　　　　　2024 年 09 月 17 日　　　流水号 320320027J0500810054

付款人	全称	徐州三叶家具有限公司	收款人	全称	徐州欣阳有限公司
	账号	41938754854195		账号	9819965277
	开户行	中国工商银行徐州市鼓楼区支行		开户行	中国建设银行徐州市泉山区支行
金额	（大写）人民币 肆拾伍万元整			（小写）¥450 000.00	
凭证种类	电汇凭证		凭证号码		
结算方式	电汇		用途	货款	

划汇日期：2024-09-17　　汇划款项编号：43726482
报文顺序号：26909043　　汇出行行号：102578119606173　　打印柜员：320325584257
汇出行行名：中国工商银行徐州市鼓楼区支行　　　　　　　　打印机构：中国建设银行徐州市泉山区支行
业务类型：2105　　原凭证金额：450 000.00　　　　　　　　打印卡号：9819965277
原始凭证种类：6186　　原凭证号码：
附言：

打印时间：2024-09-17　　交易柜员：320325584268　　交易机构：320310575

（盖章：中国建设银行 电子回单 专用章）

业务21 2024年9月18日，取得原始凭证1张。

中国建设银行客户专用回单

币别：人民币　　　　　　　2024 年 09 月 18 日　　　流水号 320320027J0500810082

付款人	全称	徐州益阳有限公司	收款人	全称	徐州欣阳有限公司
	账号	41916542634003		账号	9819965277
	开户行	中国建设银行徐州市鼓楼区支行		开户行	中国建设银行徐州市泉山区支行
金额	（大写）人民币 伍万元整			（小写）¥50 000.00	
凭证种类	电汇凭证		凭证号码		
结算方式	电汇		用途	退回投标保证金	

打印柜员：320325584257
打印机构：中国建设银行徐州市泉山区支行
打印卡号：9819965277

打印时间：2024-09-18　　交易柜员：320325584268　　交易机构：320310581

（盖章：中国建设银行 电子回单 专用章）

业务22 2024年9月24日,取得原始凭证3张。

```
中国建设银行
转账支票存根
10501821
00006715
附加信息 付款银行账号:
9819965277

出票日期 2024 年 09 月 24 日
收款人:徐州机电有限公司
金  额:¥5150.00
用  途:支付设备维修费

单位主管    会计
```

电子发票(普通发票)

发票号码:24322000000000067005
开票日期:2024年09月24日

购买方信息	名称:徐州欣阳有限公司 统一社会信用代码/纳税人识别号:913203119758888213					销售方信息	名称:徐州机电有限公司 统一社会信用代码/纳税人识别号:913203124087598493		
项目名称	规格型号	单位	数量	单价	金额		税率/征收率	税额	
*劳务*维修费		次	1	5000.00	5000.00		3%	150.00	
合计					¥5000.00			¥150.00	
价税合计(大写)	⊗ 伍仟壹佰伍拾元整					(小写) ¥5150.00			
备注									

开票人:王颖宏

费用分配表

2024 年 09 月 24 日   单位:元

部门	分摊金额
办公室	5 150.00
合计	5 150.00

审核:李云   编制:江蕙

业务 23 2024年9月30日,取得原始凭证1张。

材料暂估入库清单

2024年09月30日　　　　　　　　　　　　　　　　　　单位:元

材料名称	合同号	供货单位	数量	合同单位（不含税）	合同金额（不含税）	入库日期
Z811	44288484	徐州红星有限公司	2 380	50.00	119 000	2024-09-30
合计					119 000	

审核:李云　　　　　　　　　编制:江蕙

业务 24 2024年9月30日,取得原始凭证1张。

汽车保险分摊表

2024年09月30日　　　　　　　　　　　　　　　　　　单位:元

部门	实际发生金额	受益起始日期	受益截止日期	受益期限(月)	月分摊金额
办公室	2 400.00	2024年05月	2025年04月	12	200.00
合计	2 400.00				200.00

审核:李云　　　　　　　　　编制:江蕙

业务 25　2024 年 9 月 30 日,取得原始凭证 1 张。

坏账准备计算表

2024-09-30　　　　　　　　　　　　　　　　　　　　　单位:元

项目	应收款项期末余额	计提比例	坏账准备期初余额	本期确认坏账损失	已确认坏账本期收回	应补提金额	应冲减金额
应收账款坏账准备		5%					
其他应收款坏账准备		5%					
合计							

审核:李云　　　　　　　　　编制:江蕙

业务 26　2024 年 9 月 30 日,取得原始凭证 4 张。

电子发票(增值税专用发票)　　发票号码:24322000000000053659
　　　　　　　　　　　　　　　开票日期:2024年09月30日

购买方信息	名称:徐州欣阳有限公司 统一社会信用代码/纳税人识别号:913203119758888213	销售方信息	名称:江苏水务股份有限公司 统一社会信用代码/纳税人识别号:913232038551134782

项目名称	规格型号	单位	数量	单价	金额	税率/征收率	税额
*水冰雪*自来水		吨	500	2.028301887	1014.15	3%	30.42
合计					¥1014.15		¥30.42

价税合计(大写)　⊗　壹仟零肆拾肆元伍角柒分　　　　(小写)　¥1044.57

备注:

开票人:董达生

电子发票（普通发票）

发票号码：24322000000000028300
开票日期：2024年09月30日

购买方信息	名称：徐州欣阳有限公司 统一社会信用代码/纳税人识别号：913203119758888213				销售方信息	名称：江苏水务股份有限公司 统一社会信用代码/纳税人识别号：913232038551134782		
项目名称	规格型号	单位	数量	单价	金额		税率/征收率	税额
*劳务*污水处理劳务		吨	500	1.35	675.00		0%	***
合计					￥675.00			￥0.00
价税合计（大写）	⊗ 陆佰柒拾伍元整				（小写）￥675.00			
备注								

开票人：肖宝文

中国建设银行客户专用回单

币别：人民币　　　2024 年 09 月 30 日　　流水号 320320027.T0500810082

付款人	全称	徐州欣阳有限公司	收款人	全称	江苏水务股份有限公司
	账号	9819965277		账号	41949008122579
	开户行	中国建设银行徐州市泉山区支行		开户行	中国建设银行江苏省徐州市泉山区支行
金额	（大写）人民币 壹仟柒佰壹拾玖元伍角柒分			（小写）￥1719.57	
凭证种类	网银		凭证号码		
结算方式	转账		用途	支付水费	

打印柜员：320325584257
打印机构：中国建设银行徐州市泉山区支行
打印卡号：9819965277

（中国建设银行 电子回单 专用章）

打印时间：2024-09-30　　交易柜员：320325584268　　交易机构：320310506

费用分配表

2024-09-30   单位:元

部门	实际用量(吨)	水费分摊金额	污水处理费分摊金额	合计
办公室	100			
生产车间	300			
在建工程部	100			
合计	500			

审核:李云　　　　　　　　编制:江蕙

业务27　2024年9月30日,取得原始凭证2张。

电子发票(增值税专用发票)

发票号码:24322000000000054580
开票日期:2024年09月30日

购买方信息
名称:徐州欣阳有限公司
统一社会信用代码/纳税人识别号:913203119758888213

销售方信息
名称:江苏电力股份有限公司
统一社会信用代码/纳税人识别号:913232038349246352

项目名称	规格型号	单位	数量	单价	金额	税率/征收率	税额
*供电*售电					11760.00	13%	1528.80
合计					¥11760.00		¥1528.80

价税合计(大写)　⊗　壹万叁仟贰佰捌拾捌元捌角整　　(小写) ¥13288.80

备注

开票人:欧阳薇

费用分配表

2024-09-30   单位:元

部门	实际用量(度)	分配率	分配金额
办公室	300		
生产车间	9 000		
在建工程部	500		
合计	9 800		

审核:李云　　　　　　　　编制:江蕙

业务 28 2024年9月30日,取得原始凭证3张。

生产工时明细表

2024-09-30

车间	产品	生产工时(小时)
生产车间	C205	3 000
生产车间	P206	2 000
合计		5 000

审核:李云　　　　　　　　　　编制:江蕙

工 资 明 细 表

2024-09-30　　　　　　　　　　　　　　　单位:元

姓名	部门	岗位	应付工资
王　健	办公室	法定代表人	7 000
马　聪	办公室	总经理	5 000
张鹏宇	办公室	办公室职员	3 400
李　云	财务部	财务经理	4 500
江　蕙	财务部	会计	5 600
张彦宏	财务部	出纳	3 400
史玉柱	在建工程部	其他职员	4 000
陈　珂	采购部	采购经理	3 400
赵　耀	采购部	采购员	4 000
魏雨晨	销售部	销售经理	3 400
林辰奕	销售部	销售员	3 400
袁婧姝	销售部	销售员	4 000
袁林岳	生产车间	生产车间主任	4 600
李雅晨	生产车间	生产车间主任	4 000
孟筱璇	生产车间	质检	4 200
王子俊	生产车间	车间工人	3 400
袁梓祎	生产车间	车间工人	3 400
徐丽涵	生产车间	车间工人	3 400
翁文双	生产车间	车间工人	3 400
丁唯唯	生产车间	车间工人	3 400
合计			80 900

审核:李云　　　　　　　　　　编制:江蕙

工资费用分配表

2024-09-30　　　　　　　　　　　　　　　　　　　　　　　　单位:元

应借账户		直接计入	分配计入			合计
			生产工时（小时）	分配率	分配金额	
管理费用						
在建工程	建筑工程——房屋在建工程					
制造费用						
生产成本	C205					
生产成本	P206					
合计						

审核:李云　　　　　　　　　　　　编制:江蕙

业务 29　2024 年 9 月 30 日,取得原始凭证 2 张。

生产工时明细表

2024-09-30

车间	产品	生产工时(小时)
生产车间	C205	3 000
	P206	2 000
合计		5 000

审核:李云　　　　　　　　　　　　编制:江蕙

四 险 计 算 表

2024-09-30　　　　　　　　　　　　　　　　　　　　　　　　单位:元

应借账户		医疗保险	养老保险	失业保险	工伤保险	四险合计
管理费用						
在建工程	建筑工程——房屋在建工程					
制造费用						
生产成本	C205					
	P206					
合计						

审核:李云　　　　　　　　　　　　编制:江蕙

业务 30 2024 年 9 月 30 日,取得原始凭证 2 张。

生产工时明细表

2024-09-30

车间	产品	生产工时(小时)
生产车间	C205	3 000
	P206	2 000
合计		5 000

审核:李云　　　　　　　　　编制:江蕙

住房公积金计算表

2024-09-30　　　　　　　　　　　　　　　　　　　单位:元

应借账户		住房公积金
管理费用		
在建工程	建筑工程——房屋在建工程	
制造费用		
生产成本	C205	
生产成本	P206	
合计		

审核:李云　　　　　　　　　编制:江蕙

业务 31 2024 年 9 月 30 日,取得原始凭证 2 张。

生产工时明细表

2024-09-30

车间	产品	生产工时(小时)
生产车间	C205	3 000
	P206	2 000
合计		5 000

审核:李云　　　　　　　　　编制:江蕙

职工教育经费计算表

2024-09-30　　　　　　　　　　　　　　　　　　　　　　　　　　　单位:元

应借账户		职工教育经费
管理费用		
在建工程	建筑工程——房屋在建工程	
制造费用		
生产成本	C205	
	P206	
合计		

审核:李云　　　　　　　　　　　　　　　编制:江蕙

业务 32　2024 年 9 月 30 日,取得原始凭证 2 张。

生产工时明细表

2024-09-30

车间	产品	生产工时(小时)
生产车间	C205	3 000
	P206	2 000
合计		5 000

审核:李云　　　　　　　　　　　　　　　制单:江蕙

工会经费计算表

2024-09-30　　　　　　　　　　　　　　　　　　　　　　　　　　　单位:元

应借账户		工会经费
管理费用		
在建工程	建筑工程——房屋在建工程	
制造费用		
生产成本	C205	
	P206	
合计		

审核:李云　　　　　　　　　　　　　　　制单:江蕙

业务33 2024年9月30日,取得原始凭证2张。

发出材料单位成本计算表

2024-09-30　　　　　　　　　　　　　　　　　　　　　　　　　　单位:元

材料名称	单位	期初		本期入库		发出材料单价
		数量	金额	数量	金额	
Z811	千克					
Y812	千克					
合计						

审核:李云　　　　　　　　　　　制单:江蕙

原材料发出汇总表

2024-09-30　　　　　　　　　　　　　　　　　　　　　　　　　　单位:元

领料部门	领料用途	产品	Z811		Y812		合计
			数量(千克)	金额	数量(千克)	金额	
生产车间	生产产品直接领用	C205	600		6 900		
生产车间	生产产品直接领用	P206	1 200		2 300		
合计							

审核:李云　　　　　　　　　　　制单:江蕙

业务34 2024年9月30日,取得原始凭证1张。

固定资产及投资性房地产折旧表

2024-09-30　　　　　　　　　　　　　　　　　　　　　　　　　　单位:元

固定资产类别	使用部门	品名	单位	数量	原值	投入使用日期	预计使用年限(年)	月折旧率	本月折旧额
房屋及建筑物	办公室	办公楼	幢	1	1 200 000.00	2018-08-01	20		
房屋及建筑物	生产车间	厂房	幢	1	420 000.00	2018-09-01	20		
生产设备	生产车间	机器设备W	台	1	80 000.00	2018-07-01	10		
生产设备	生产车间	机器设备K	台	10	1 379 200.00	2018-09-01	10		
运输工具	办公室	大众轿车	辆	2	125 000.00	2019-08-01	4		
电子设备	生产车间	空调H	台	6	30 000.00	2021-09-01	3		
电子设备	生产车间	电脑H	台	2	10 000.00	2021-11-01	3		
电子设备	办公室	空调P	台	5	30 000.00	2021-11-01	3		
电子设备	财务部	电脑P	台	7	35 000.00	2021-11-01	3		
合　计					3 309 200.00				

制表:江蕙　　　　　　　　　　　审核:李云

业务35 2024年9月30日,取得原始凭证2张。

产品生产工时明细表

2024-09-30

生产车间	产品	生产工时(小时)
生产车间	C205	3 000
生产车间	P206	2 000
合计		5 000

制表:江蕙　　　　　审核:李云

制造费用分配表

2024-09-30　　　　　　　　　　　　　　　　　　　　　　单位:元

生产车间	产品	分配标准(工时)	分配率	分配金额
生产车间	C205			
生产车间	P206			
合计				

制表:江蕙　　　　　审核:李云

业务36 2024年9月30日,取得原始凭证2张。

产品产量明细表

2024-09-30　　　　　　　　　　　　　　　　　　　　数量单位:件

生产车间	产品	月初在产品数量	本月投资产品数量	本月完工产品数量	本月产品入库数量	月末在产品数量	投料率	期末在产品完工率
生产车间	C205	100	1 100	1 000	1 000	200	100%	50%
生产车间	P206	0	600	500	500	100	100%	80%

制表:江蕙　　　　　审核:李云

产品成本计算表

2024-09-30　　　　　　　　　　　　　　　　　　单位:元

生产车间	产品	项目	月初在产品成本	本月生产费用	生产成本合计	产量(件) 完工产品产量	产量(件) 在产品约当产量	产量(件) 产量合计	单位成本	完工产品成本	月末在产品成本
生产车间	C205	直接材料									
生产车间	C205	直接人工									
生产车间	C205	制造费用									
生产车间	P206	直接材料									
生产车间	P206	直接人工									
生产车间	P206	制造费用									
合计											

制表:江蕙　　　　　　　　　　　审核:李云

业务37 2024年9月30日,取得原始凭证2张。

单位产品成本计算单

2024-09-30　　　　　　　　　　　　　　　金额单位:元

产品名称	期初结存 数量(件)	期初结存 金额	本期入库 数量(件)	本期入库 金额	单位成本
C205					
P206					
合计					

制表:江蕙　　　　　　　　　　　审核:李云

销售产品成本结转表

2024-09-30　　　　　　　　　　　　　　　金额单位:元

领用部门	用途	C205 数量	C205 金额	P206 数量	P206 金额	合计
销售部	销售领用					
合计						

制表:江蕙　　　　　　　　　　　审核:李云

业务 38 2024 年 9 月 30 日,取得原始凭证 1 张。

应交增值税计算表

2024-09-30　　　　　　　　　　　　　　　　　　　　　单位:元

项　　目	金　　额
销项税额	
进项税额	
进项税额转出	
上期留抵税额	
应纳税额	
期末留抵税额	
简易征收办法计算的应纳税额	
应纳税额减征额	
应纳税额合计	

审核:李云　　　　　　　　　　编制:江蕙

业务 39 2024 年 9 月 30 日,取得原始凭证 1 张。

税金及附加计算表

2024 年 09 月 30 日　　　　　　　　　　　　　　　　　单位:元

税(费)种	增值税	税率(征收率)	本期应纳税费
城市维护建设税(市区)			
教育费附加			
地方教育附加			
合计			

审核:李云　　　　　　　　　　编制:江蕙

业务 40 2024 年 9 月 30 日,取得原始凭证 2 张。

合同履约成本结转表

2024-09-30　　　　　　　　　　　　　　　　　　　单位:元

总账科目	明细科目	借方发生额
合同履约成本	服务成本——运输装卸费	
合计		

制表:　　　　　　　　　　审核:

需要进一步分配的合同履约成本分配表

2024-09-30　　　　　　　　　　　　　　　　　　　单位:元

转入总账科目	产品	分配标准(按销售的商品开票金额)	分配率	分配金额
主营业务成本	C205			
主营业务成本	P206			
合计				

制表:　　　　　　　　　　审核:

业务 41 2024 年 9 月 30 日,取得原始凭证 1 张。

应交所得税计算表

2024-09-30　　　　　　　　　　　　　　　　　　　单位:元

项　　目	上期已申报金额	本期金额	本年累计金额
营业收入	26 570 720.00		
营业成本	13 425 639.74		
利润总额	7 040 000.00		
加:特定业务计算的应纳税所得额			
减:不征税收入和税基减免应纳税所得额			
固定资产加速折旧(扣除)调减额			
弥补以前年度亏损			
实际利润额	7 040 000.00		
税率	25%		
应纳所得税额	1 760 000.00		
减:减免所得税额			
实际已预缴所得税额	1 701 380.00		
特定业务预缴(征)所得税额			
应补(退)所得税额	58 620.00		

审核:李云　　　　　　　制单:江蕙

业务 42 2024 年 9 月 30 日,取得原始凭证 1 张。

损益类账户发生额结转表

2024-09-30　　　　　　　　　　　　　　　　　　　　单位:元

科目名称	本期借方发生额	本期贷方发生额
主营业务收入——商品销售收入——C205		
主营业务收入——商品销售收入——P206		
其他业务收入——没收押金收入		
主营业务成本——商品销售成本——C205		
主营业务成本——商品销售成本——P206		
主营业务成本——服务成本——C205		
主营业务成本——服务成本——P206		
税金及附加——城市维护建设税		
税金及附加——教育费附加		
税金及附加——地方教育附加		
管理费用——水电费		
管理费用——聘请中介机构费		
管理费用——工会经费		
管理费用——住房公积金		
管理费用——固定资产维修费		
管理费用——折旧费		
管理费用——差旅费		
管理费用——汽车费用		
管理费用——职工教育经费		
管理费用——工资		
管理费用——社会保险费		
财务费用——利息支出		
信用减值损失——坏账损失		
所得税费用——当期所得税费用		
合计		

制表:　　　　　　审核:

附录二
江苏东方糖果有限责任公司业务凭证

业务1 2024年12月1日，取得原始凭证3张。

经理办公会议纪要
企业拟以不高于每股30元的价格买入元祖股份发行在外的2 000股股票，分类为以公允价值计量且其变动计入当期损益的金融资产。
参加人员：　　　　　蒋敏　王群忠　崔伟　钟国钊
2024年11月29日

交　割　单

营业部名:江苏华兴证券服务股份有限公司
股东姓名:江苏东方糖果有限责任公司
资金账户:62494049129950
当前币种:人民币

成交日期	操作	证券代码	证券名称	成交数量	成交均价	成交金额	手续费	印花税	其他费用	结算金额	账户	交易市场
2024-11-29	买入	729618	元祖股份	2 000	30.00	60 000.00	12.00	0.00	0.00	60 012.00	62494049129950	上海A股

电子发票（增值税专用发票）

发票号码：24322000000000086265
开票日期：2024年12月01日

购买方信息	名称：江苏东方糖果有限责任公司 统一社会信用代码/纳税人识别号：913210025463484658	销售方信息	名称：江苏华兴证券服务股份有限公司 统一社会信用代码/纳税人识别号：913210029901432063

项目名称	规格型号	单位	数量	单价	金额	税率/征收率	税额
*金融服务*直接收费金融服务		笔	1	11.32	11.32	6%	0.68
合计					¥11.32		¥0.68

价税合计(大写) 壹拾贰元整   (小写) ¥12.00

备注：

开票人：张丽

业务2 2024年12月2日，取得原始凭证5张。

电子发票（增值税专用发票）

发票号码：24322000000000069187
开票日期：2024年12月02日

购买方信息	名称：江苏东方糖果有限责任公司 统一社会信用代码/纳税人识别号：913210025463484658	销售方信息	名称：江苏苏舜有限公司 统一社会信用代码/纳税人识别号：913203052532005996

项目名称	规格型号	单位	数量	单价	金额	税率/征收率	税额
*糖果类食品*白砂糖		千克	1000	4.20	4200.00	13%	546.00
*糖果类食品*葡萄糖		千克	1000	6.40	6400.00	13%	832.00
合计					¥10600.00		¥1378.00

价税合计(大写) 壹万壹仟玖佰柒拾捌元整   (小写) ¥11978.00

备注：

开票人：陈军

收 料 单

供应单位：江苏苏舜有限公司　　　2024 年 12 月 02 日　　　编号 SL8798

第二联　记账联

材料编号	名称	单位	规格	数量		实际成本			
				应收	实收	单价	发票价格	运杂费	总价
CL01001	白砂糖	千克		1 000	1 000				
CL01002	葡萄糖	千克		1 000	1 000				
备注									

收料人：张宇翔　　　　　　　　交料人：余海

中国建设银行
转账支票存根
10501821
00002263

附加信息 付款行账号：
6671893980

出票日期 2024 年 12 月 02 日

收款人：江苏苏舜有限公司
金　额：￥14158.00
用　途：付货款及代垫运费

单位主管　　会计

江苏东方糖果有限责任公司业务凭证

货物运输服务

电子发票（增值税专用发票）

发票号码：24322000000000097049
开票日期：2024年12月02日

购买方信息	名称：江苏东方糖果有限责任公司 统一社会信用代码/纳税人识别号：913210025463484658			销售方信息	名称：苏宁快递有限公司 统一社会信用代码/纳税人识别号：913201021207607412		
项目名称	单位	数量	单价	金额		税率/征收率	税额
*运输服务*运输费	次	1	2000.00	2000.00		9%	180.00
合计				¥2000.00			¥180.00
运输工具种类	运输工具牌号		起运地	到达地		运输货物名称	
公路运输	苏B29819		徐州市贾汪区	扬州市广陵区		白砂糖、葡萄糖	
价税合计（大写）	⊗ 贰仟壹佰捌拾元整			（小写） ¥2180.00			
备注							

开票人：陈烨东

运输费用分配表

2024-12-02
单价:元

货物名称	运费分配率	运费分配金额
白砂糖		
葡萄糖		
合　计		

审核：蒋敏　　　　　编制：李红

业务3 2024年12月2日,取得原始凭证3张。

电子发票(增值税专用发票)

发票号码:24322000000000043197
开票日期:2024年12月02日

购买方信息	名称:江苏东方糖果有限责任公司 统一社会信用代码/纳税人识别号:913210025463484658	销售方信息	名称:宿迁长顺食品有限责任公司 统一社会信用代码/纳税人识别号:913213027691840942

项目名称	规格型号	单位	数量	单价	金额	税率/征收率	税额
*塑料制品*塑料瓶		瓶	5000	1.20	6000.00	13%	780.00
合计					¥6000.00		¥780.00

价税合计(大写) ⊗ 陆仟柒佰捌拾元整　　　　(小写) ¥6780.00

备注:

开票人:胡玉红

收　料　单

供应单位:宿迁长顺食品有限责任公司　　2024年12月02日　　　编号 SL8799

材料编号	名称	单位	规格	数量		实际成本			
				应收	实收	单价	发票价格	运杂费	总价
CL01006	塑料瓶	瓶		5 000	5 000				
备　注:									

收料人:张宇翔　　　　　　　　　　交料人:王志宁

中国建设银行
转账支票存根
10501821

00002264

附加信息 付款行账号：
6671893980

出票日期 2024 年 12 月 02 日

收款人：	宿州长顺食品有限责任公司
金 额：	¥6780.00
用 途：	支付货款

单位主管　　会计

业务4 2024 年 12 月 2 日，取得原始凭证 1 张。

借 款 借 据

单位编号：54612941　　借款日期 2024 年 12 月 02 日　　合同编号：00093

收款单位	名 称	江苏东方糖果有限责任公司	借款单位	名 称	江苏东方糖果有限责任公司
	结算户账号	41702722356		贷款户账号	62721618239136
	开户银行	中国银行扬州市广陵区支行		开户银行	中国银行扬州市广陵区支行

借款金额	人民币伍拾万元整			￥500 000 00

借款原因及用途	流动资金不足借款	批准借款利率	年息 6.00 %

借款期限			
期次	计划还款日期	√	计划还款金额
1	2025-06-02		500 000.00元
2			
3			

备注：

借款单位　　周洪雷　　（银行盖章）

中国银行 2024-12-02 转讫 (01)

业务5 2024年12月2日,取得原始凭证1张。

中国建设银行　银行汇(本)票申请书

币别：人民币　　　　2024年12月02日　　　流水号：05992249

业务类型	✓ 银行汇票　□ 银行本票	付款方式	✓ 转账　□ 现金
申请人	江苏东方糖果有限责任公司	收款人	浙江绿城有限公司
账　号	6671893980	账　号	41722204406587
用　途	支付货款	代理付款行	

金额 人民币(大写)：肆万柒仟肆佰陆拾元整　　　￥47460.00

支付密码：8907-6109-1078-6069

客户签章：江苏东方糖果有限责任公司财务专用章　周虹雷

中国建设银行扬州市广陵区支行　2024-12-02　收讫 (01)

会计主管　　授权　　复核　　录入 张留文

业务6 2024年12月2日,取得原始凭证5张。

销 售 单

购货单位：徐州大地有限公司
地址和电话：江苏省徐州市泉山区袁海街赵秀路14号 0516-62645435
纳税识别号：913203116326343137　　　　　　　　　**单据编号**：XS4929
开户行及账号：中国建设银行徐州市泉山区支行 41276673467956　　**制单日期**：2024-12-02

编码	产品名称	规格	单位	单价	数量	金额	备注
CP101	硬糖		件	45.20	2 500	113 000.00	含税价
CP102	奶糖		件	63.28	5 000	316 400.00	含税价
合计	人民币(大写)：肆拾贰万玖仟肆佰元整				—	￥429 400.00	

销售经理：钟国钊　　经手人：赵爱东　　会计：李红　　签收人：杨建

电子发票（增值税专用发票）

发票号码：24322000000000028587
开票日期：2024年12月02日

购买方信息	名称：徐州大地有限公司 统一社会信用代码/纳税人识别号：913203116326343137	销售方信息	名称：江苏东方糖果有限责任公司 统一社会信用代码/纳税人识别号：913210025463484658

项目名称	规格型号	单位	数量	单价	金额	税率/征收率	税额
*糖果类食品*硬糖		件	2500	40.00	100000.00	13%	13000.00
*糖果类食品*奶糖		件	5000	56.00	280000.00	13%	36400.00
合计					¥380000.00		¥49400.00

价税合计（大写）　⊗ 肆拾贰万玖仟肆佰元整　　　（小写）　¥429400.00

备注：

开票人：何治瑶

中国建设银行 进账单（收账通知）3

2024 年 12 月 02 日

出票人	全称	徐州大地有限公司	收款人	全称	江苏东方糖果有限责任公司
	账号	41276673467956		账号	6671893980
	开户银行	中国建设银行徐州市泉山区支行		开户银行	中国建设银行扬州市广陵区支行

金额	人民币（大写）	肆拾贰万玖仟肆佰元整	亿千百十万千百十元角分
			¥ 4 2 9 4 0 0 0 0

票据种类	转账支票	票据张数	1
票据号码	1050182119433110		

中国建设银行
扬州市广陵区支行
2024-12-02
收讫
(01)

复核　　记账　　　　　　　　　　开户银行签章

购销合同

购方：徐州大地有限公司　　　　　　　　合同编号：2024273
销方：江苏东方糖果有限责任公司　　　　签订地点：扬州市

供需双方本着互利互惠、长期合作的原则，根据《中华人民共和国民法典》及双方的实际情况，就需方向供方采购事宜，订立本合同，以使双方在合同履行中共同遵守。

一、产品名称、数量、单价、金额：

产品名称	规格型号	计量单位	数量	单价	金额	备注
硬糖		件	2500	45.20	113000.00	含税金额
奶糖		件	5000	63.28	316400.00	
合计					¥429400.00	

合计人民币（大写）：　肆拾贰万玖仟肆佰元整

二、质量要求、技术标准、供方对质量负责的条件和期限：按合同企业标准。

三、（1）交（提）货地点、方式：江苏省扬州市金山路21号

　　（2）交货日期：2024-12-02

四、付款时间与付款方式：付款方式：转账支票

五、运输方式及到站、港和费用负担：销售方承担

六、合理损耗及计算方法：以实际数量验收。

七、包装标准、包装物的供应与回收：普通包装，不回收包装物。

八、验收标准、方法及提出异议期限：

　　货到需方7天内提出质量异议，不包括运输过程中造成的质量问题。

　　自收到货物的30天内可以提出退货，运费由购货方承担。

九、违约责任：按《民法典》

十、解决合同纠纷的方式：双方协商解决。

十一、其他约定事项：

本合同一式两份，需、供双方各一份，经双方盖章后即生效。

购方（盖章）：徐州大地有限公司	购方（盖章）：江苏东方糖果有限责任公司
单位地址：江苏省徐州市泉山区杨彦街李波路80号	单位地址：江苏省扬州市金山路21号
电　话：0516-59593458	电　话：0514-16001005
签订日期：2024-11-01	签订日期：2024-11-01
开户银行：中国建设银行徐州市泉山区支行	开户银行：中国建设银行扬州市广陵区支行
账　号：4127667346795	账　号：6671893980

经理办公会议纪要

企业根据销售及退货情况分析,各产品的退货率为2%。

参加人员: 崔伟 蒋敏 钟国钊

2024 年 12 月 02 日

业务7 2024年12月3日,取得原始凭证3张。

电子发票(增值税专用发票)

发票号码: 24332000000000087179
开票日期: 2024年12月03日

购买方信息	名称: 江苏东方糖果有限责任公司					销售方信息	名称: 浙江绿城有限公司		
	统一社会信用代码/纳税人识别号: 913210025463484658						统一社会信用代码/纳税人识别号: 913301027797402624		

项目名称	规格型号	单位	数量	单价	金额	税率/征收率	税额
*糖果类食品*炼乳		千克	5000	2.40	12000.00	13%	1560.00
*糖果类食品*果酸		千克	3000	10.00	30000.00	13%	3900.00
合计					¥42000.00		¥5460.00
价税合计(大写)	⊗ 肆万柒仟肆佰陆拾元整				(小写) ¥47460.00		
备注							

开票人: 孙凤琴

收 料 单

供应单位：浙江绿城有限公司　　2024 年 12 月 03 日　　编号 SL075

材料编号	名称	单位	规格	数量		实际成本			
				应收	实收	单价	发票价格	运杂费	总价
CL01003	炼乳	千克		5 000	5 000				
CL01004	果酸	千克		3 000	3 000				
备注									

收料人：张宇翔　　　　交料人：张长越

第二联　记账联

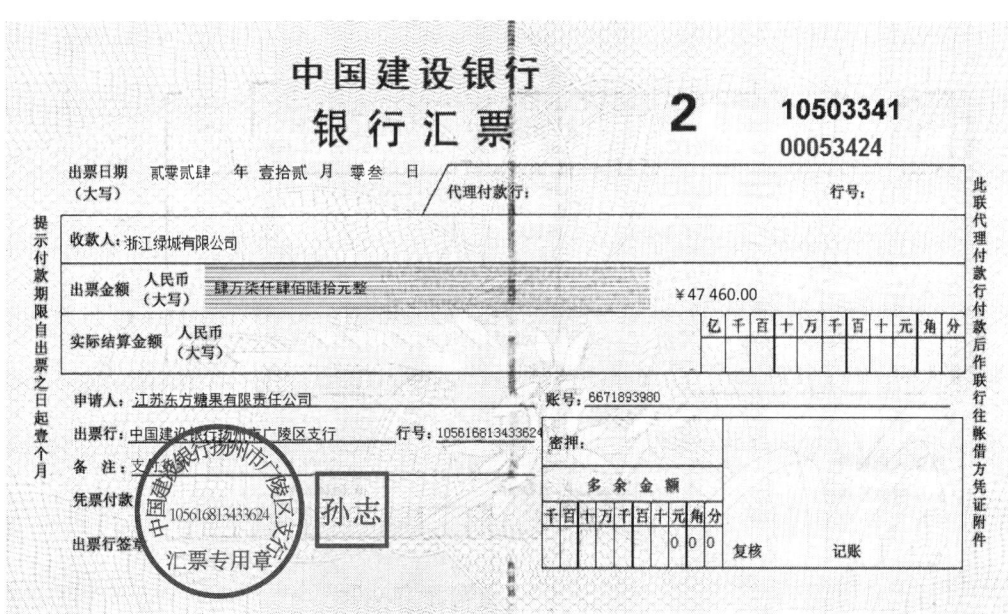

被背书人	被背书人
背书人签章 年　月　日	背书人签章 年　月　日
持票人向银行 提示付款签章：	身份证件名称：　　　发证机关： 号码

业务8 2024年12月3日，取得原始凭证2张。

中国建设银行客户专用回单

币别：人民币　　　　　2024 年 12 月 03 日　　　流水号 321020027J0500810084

付款人	全称	江苏东方糖果有限责任公司	收款人	全称	常来客酒店有限公司
	账号	6671893980		账号	41622124094268
	开户行	中国建设银行扬州市广陵区支行		开户行	中国建设银行常州市戚墅堰区支行
金　额	（大写）人民币 壹仟元整			（小写）¥1 000.00	
凭证种类	网银		凭证号码		
结算方式	转账		用途	招待客户餐费	

打印柜员：321025584257
打印机构：中国建设银行扬州市广陵区支行
打印卡号：6671893980

（中国建设银行电子回单专用章）

打印时间：2024-12-03　　交易柜员：321025584268　　交易机构：321010507

（电子发票（普通发票）国家税务总局 江苏省税务局）

发票号码：24322000000000091651
开票日期：2024年12月02日

购买方信息	名称：江苏东方糖果有限责任公司 统一社会信用代码/纳税人识别号：913210025463484658	销售方信息	名称：常来客酒店有限公司 统一社会信用代码/纳税人识别号：913204056196486334

项目名称	规格型号	单位	数量	单价	金额	税率/征收率	税额
*餐饮服务*餐饮费		次	1	943.40	943.40	6%	56.60
合计					¥943.40		¥56.60
价税合计（大写）	⊗ 壹仟元整				（小写）¥1000.00		
备注							

开票人：周景卫

业务9 2024年12月4日,取得原始凭证5张。

电子发票(增值税专用发票) 发票号码:24322000000000057560
开票日期:2024年12月04日

购买方信息	名称:江苏东方糖果有限责任公司 统一社会信用代码/纳税人识别号:913210025463484658	销售方信息	名称:常州滨河有限公司 统一社会信用代码/纳税人识别号:913204024657317062

项目名称	规格型号	单位	数量	单价	金额	税率/征收率	税额
*糖果类食品*白砂糖		千克	1000	4.40	4400.00	13%	572.00
合计					¥4400.00		¥572.00

价税合计(大写) ⊗ 肆仟玖佰柒拾贰元整   (小写) ¥4972.00

备注

开票人:贾翠玲

收 料 单

供应单位:常州滨河有限公司   2024年12月04日   编号 SL8801

材料编号	名称	单位	规格	数量		实际成本			
				应收	实收	单价	发票价格	运杂费	总价
CL01001	白砂糖	千克		1 000	1 000				
备注									

收料人:张宇翔   交料人:王艳霞

中国建设银行
转账支票存根
10501821

00002265

附加信息 付款行账号:
6671893980

出票日期:2024年 12月 04日

收款人:常州滨河有限公司

金　额:¥4 972.00

用　途:支付货款

单位主管　　会计

中国建设银行
转账支票存根
10501821

00002266

附加信息 付款行账号:
6671893980

出票日期:2024年 12月 04日

收款人:苏州佳禾物流有限公司

金　额:¥218.00

用　途:运费

单位主管　　会计

货物运输服务　　电子发票（普通发票）

发票号码：24322000000000057848
开票日期：2024年12月04日

购买方信息	名称：江苏东方糖果有限责任公司 统一社会信用代码/纳税人识别号：913210025463484658	销售方信息	名称：苏州佳禾物流有限公司 统一社会信用代码/纳税人识别号：913205079275163656

项目名称	单位	数量	单价	金额	税率/征收率	税额
*运输服务*运输费	次	1	200.00	200.00	9%	18.00
合计				¥200.00		¥18.00

运输工具种类	运输工具牌号	起运地	到达地	运输货物名称
公路运输	苏B73421	常州市天宁区	扬州市广陵区	白砂糖

价税合计（大写）　⊗　贰佰壹拾捌元整　　（小写）¥218.00

备注：

开票人：宋建梅

业务10　2024年12月4日，取得原始凭证3张。

中国建设银行 进账单（回单） 1

2024 年 12 月 04 日

出票人	全称	江苏东方糖果有限责任公司	收款人	全称	江苏东方糖果有限责任公司
	账号	6671893980		账号	41588597514829
	开户银行	中国建设银行扬州市广陵区支行		开户银行	中国建设银行扬州市广陵区支行

金额	人民币（大写）	叁万零捌佰肆拾玖元整	亿	千	百	十	万	千	百	十	元	角	分
						¥	3	0	8	4	9	0	0

票据种类	转账支票	票据张数	1
票据号码	1050182100002267		

中国建设银行扬州市广陵区支行
2024-12-04
转讫 (01)

复核　　记账　　　　　　　　　　开户银行签章

中国建设银行 进账单（收账通知） 3

2024 年 12 月 04 日

出票人	全 称	江苏东方糖果有限责任公司	收款人	全 称	江苏东方糖果有限责任公司
	账 号	6671893980		账 号	41588597514829
	开户银行	中国建设银行扬州市广陵区支行		开户银行	中国建设银行扬州市广陵区支行

金额	人民币（大写）	叁万零捌佰肆拾玖元整				亿	千	百	十	万	千	百	十	元	角	分
									¥	3	0	8	4	9	0	0

票据种类	转账支票	票据张数	1
票据号码	1050182100002267		

中国建设银行 扬州市广陵区支行 2024-12-04 转讫 (01)

复核　　记账　　　　　　　　　　开户银行签章

此联是收款人开户银行交给收款人的收账通知

中国建设银行
转账支票存根
10501821
00002267

附加信息 付款行账号：
6671893980

出票日期 2024 年 12 月 04 日
收款人：江苏东方糖果有限责任公司
金　额：¥30 849.00
用　途：支付承兑保证金

单位主管　　会计

江苏东方糖果有限责任公司业务凭证

业务 11 2024年12月4日,取得原始凭证2张。

中国建设银行客户专用回单

币别:人民币　　　　　2024 年 12 月 04 日　　流水号 321020027J0500810078

付款人	全称	江苏东方糖果有限责任公司	收款人	全称	中国建设银行扬州市广陵区支行
	账号	6671893980		账号	32100254957737710092
	开户行	中国建设银行扬州市广陵区支行		开户行	中国建设银行扬州市广陵区支行
金额		(大写)人民币 壹拾伍元肆角贰分			(小写) ¥15.42
凭证种类		其他		凭证号码	
结算方式		其他		用途	转账手续费

打印柜员:321025584257
打印机构:中国建设银行扬州市广陵区支行
打印卡号:6671893980

第一联 借方(回单)

打印时间:2024-12-04　　交易柜员:321025584268　　交易机构:321010540

电子发票(增值税专用发票)

发票号码:24322000000000071405
开票日期:2024年12月04日

购买方信息	名称:	江苏东方糖果有限责任公司	销售方信息	名称:	中国建设银行扬州市广陵区支行
	统一社会信用代码/纳税人识别号:	913210025463484658		统一社会信用代码/纳税人识别号:	9132101802910168

项目名称	规格型号	单位	数量	单价	金额	税率/征收率	税额
*金融服务*直接收费金融服务		笔	1	14.55	14.55	6%	0.87
合计					¥14.55		¥0.87
价税合计(大写)	⊗ 壹拾伍元肆角贰分				(小写) ¥15.42		
备注							

开票人:苏俊彦

业务 12 2024 年 12 月 5 日,取得原始凭证 4 张。

电子发票(增值税专用发票)

发票号码:24322000000000095487
开票日期:2024年12月05日

购买方信息	名称:江苏东方糖果有限责任公司				销售方信息	名称:镇江恒发有限公司		
	统一社会信用代码/纳税人识别号:913210025463484658					统一社会信用代码/纳税人识别号:913211115742301415		

项目名称	规格型号	单位	数量	单价	金额	税率/征收率	税额
*纸制品*包装袋		个	5000	4.80	24000.00	13%	3120.00
*塑料制品*塑料瓶		瓶	3000	1.10	3300.00	13%	429.00
合计					¥27300.00		¥3549.00
价税合计(大写)	⊗ 叁万零捌佰肆拾玖元整					(小写) ¥30849.00	
备注							

开票人:王乐彬

收 料 单

供应单位:镇江恒发有限公司　　　2024 年 12 月 05 日　　　编号 SL8802

材料编号	名称	单位	规格	数量		实际成本			
				应收	实收	单价	发票价格	运杂费	总价
CL01005	包装袋	个		5 000	5 000				
CL01006	塑料瓶	瓶		3 000	3 000				
备注									

收料人:张宇翔　　　交料人:邱丽

银行承兑汇票（存根）

3 10503251
   07542456

出票日期（大写）：贰零贰肆 年 壹拾贰 月 零伍 日

出票人全称	江苏东方糖果有限责任公司	收款人	全 称	镇江恒发有限公司
出票人账号	6671893980		账 号	41685135231286
付款行名称	中国建设银行扬州市广陵区支行		开户银行	中国建设银行镇江市润州区支行

出票金额 人民币（大写）：叁万零捌佰肆拾玖元整   ￥30849 00

汇票到期日（大写）：贰零贰伍年零陆月零伍日

承兑协议编号：YHCD3312

付款行 名称：中国建设银行扬州市广陵区支行
付款行 地址：江苏省扬州市广陵区胡正街王新路64号

密押

开户银行签章

复核 记账   备注：   复核 经办

此联由出票人存查

业务13 2024年12月5日，取得原始凭证1张。

中国建设银行
转账支票存根
10501821
00002268

附加信息 付款行账号：
6671893980

出票日期 2024 年 12 月 05 日

收款人：徐州华为科技有限公司
金　额：￥24800.00
用　途：支付期初前欠货款

单位主管   会计

业务 14 2024 年 12 月 6 日,取得原始凭证 6 张。

借 款 单

2024 年 05 月 31 日　　　　　　　　　　　　　　　　　　　　NO.02858

借款人:李津	所属部门:采购部
借款用途:出差借款	
借款金额:人民币(大写)伍仟元整　　　¥5 000.00	
部门负责人审批:同意　王群忠 2024-05-31	借款人(签章):李津 2024-05-31
财务部门审核:同意　蒋敏 2024-05-31	
单位负责人批示:同意	签字:崔伟 2024-05-31
核销记录:收回差旅费多余借款 3 150.00	

收 款 收 据

2024 年 12 月 06 日　　　　　　　　　　　　　　　　　　　NO.000822

今收到李津

交来:退还差旅费多余借款　　　　　　　　　　　　　现金收讫

金额(大写)　⊗佰　⊗拾　⊗万　叁仟　壹佰　伍拾　零元　零角　零分

¥3 150.00　　☑现金　□转账支票　□其他　　　　收款单位(盖章)

核准　　　会计　　　记账　　　出纳 张芳　　　经手人 李津

差旅费报销单

2024 年 12 月 06 日　　　　　　　　　　　　　　　　　　　　附原始单据 5 张

姓名	李津			工作部门	采购部			出差事由	洽谈商务			
日期		地点		车船费		深夜补贴	途中补贴	住勤费			旅馆费	公交费	金额合计
起	讫	起	讫	车次或船名	时间	金额			地区	天数	补贴		
12月01日	12月03日	扬州市	北京市	汽车		760.00			北京市	3	330.00	760.00		1 850.00
						现金收讫								
报销金额（大写）人民币		壹仟捌佰伍拾元整							合计（小写）￥1 850.00				
补付金额：						退回金额：￥3 150.00							

领导批准 崔伟　　会计主管 蒋敏　　部门负责人 王群忠　　审核 李红　　报销人 李津

江苏省道路汽车客票

代码：321002129015　　　号码：10830910

扬州市 —— 北京市		票价 380.00 元		含代征规费 元		
乘 1220 班车		上车地点：扬州市汽车站 发票专用章				
乘　车　日　期		班次	发车时间	检票门	座号	工号
2024-12-01		AZ140	08:00	01	05	YZ283

一、票价含客运附加费、通行费等。
二、限乘当日当班车，过期、涂改、污染、撕毁即无效。

北京市道路汽车客票

北京市(02)

代码：425300116510　　　号码：14720218

北京市 —— 扬州市	票价	380.00 元	含代征规费	元
乘 1220 班车	上车地点：北京市汽车站 发票专用章			

乘车日期	班次	发车时间	检票口	座号	工号
2024-12-03	AX102	18:40	03	23	KY079

一、票价含客运附加费、通行费等。
二、限乘当日当班车，过期、涂改、污染、撕毁即无效。

电子发票（增值税专用发票）

发票号码：24112000000000069771
开票日期：2024年12月06日

购买方信息	名称：江苏东方糖果有限责任公司 统一社会信用代码/纳税人识别号：913210025463484658	销售方信息	名称：速8连锁酒店有限公司 统一社会信用代码/纳税人识别号：911101026983334917				
项目名称	规格型号	单位	数量	单价	金额	税率/征收率	税额
*住宿服务*住宿费		晚	2	358.49	716.98	6%	43.02
合计					¥716.98		¥43.02
价税合计（大写）	⊗ 柒佰陆拾元整				（小写）¥760.00		
备注							

开票人：曹雪菲

业务15 2024年12月6日,取得原始凭证6张。

电子发票(增值税专用发票)

发票号码:24132000000000028578
开票日期:2024年12月06日

购买方信息	名称:江苏东方糖果有限责任公司 统一社会信用代码/纳税人识别号:913210025463484658	销售方信息	名称:河北大丰保有限公司 统一社会信用代码/纳税人识别号:911301025861087002

项目名称	规格型号	单位	数量	单价	金额	税率/征收率	税额
*生产设备*S103		台	1	50000.00	50000.00	13%	6500.00
合计					¥50000.00		¥6500.00
价税合计(大写)	⊗ 伍万陆仟伍佰元整				(小写) ¥56500.00		
备注							

开票人:宋卫东

待安装设备入库单

供应单位:河北大丰保有限公司　　2024年12月06日　　编号:SBRK9042

设备编号	名称	规格	数量(台)		实际成本(元)			
			应收	实收	单价	总价	运杂费	合计
GDZC0003	S103		1	1	50 000	50 000.00	1 000.00	51 000.00
备注:								

收货人:张宇翔　　　　　　　　　　　　　　　　　　交货人:白洁

待安装设备出库单

领用单位:生产车间　　2024年12月06日　　编号:CK1790

设备编号	名称	规格	数量(台)		实际成本(元)
			请领	实发	
GDZC0003	S103		1	1	51 000.00
备注:					

领用人:白洁　　　　　　　　　　　　　　　　　　设备管理员:张宇翔

中国建设银行客户专用回单

币别：人民币 2024 年 12 月 06 日 流水号 321020027J0500810072

付款人	全称	江苏东方糖果有限责任公司	收款人	全称	河北大丰保有限公司
	账号	6671893980		账号	41224689353826
	开户行	中国建设银行扬州市广陵区支行		开户行	中国建设银行石家庄市长安区支行

金额	（大写）人民币 伍万陆仟伍佰元整	（小写）¥ 56 500.00
凭证种类	网银	凭证号码
结算方式	转账	用途 支付设备款

打印柜员：321025584257
打印机构：中国建设银行扬州市广陵区支行
打印卡号：105712465124

（中国建设银行 电子回单 专用章）

打印时间：2024-12-06 交易柜员：321025584268 交易机构：321010524

电子发票（增值税专用发票）

货物运输服务

发票号码：24322000000000027529
开票日期：2024年12月06日

购买方信息	名称：江苏东方糖果有限责任公司	销售方信息	名称：苏宁快递有限公司
	统一社会信用代码/纳税人识别号：913210025463484658		统一社会信用代码/纳税人识别号：913201021207607412

项目名称	单位	数量	单价	金额	税率/征收率	税额
*运输服务*运输费	次	1	1000.00	1000.00	9%	90.00
合计				¥1000.00		¥90.00

运输工具种类	运输工具牌号	起运地	到达地	运输货物名称
公路运输	苏B80501	石家庄市长安区	扬州市广陵区	S103

价税合计（大写）	⊗ 壹仟零玖拾元整	（小写）¥ 1090.00
备注		

开票人：甄廉

中国建设银行
转账支票存根
10501821
00002269

附加信息 付款行账号：
6671893980

出票日期 2024 年 12 月 06 日

收款人:	苏宁快递有限公司
金 额:	¥1 090.00
用 途:	支付运费

单位主管　　会计

业务16　2024年12月6日，取得原始凭证4张。

销 售 单

购货单位：镇江恒发有限公司
地址和电话：江苏省镇江市润州区马杰街蒋荣路22号 0511-83426739
纳税识别号：913211115742301415　　　　　　　　　　　单据编号：XS4930
开户行及账号：中国建设银行镇江市润州区支行 41622124788034　　制单日期：2024-12-06

编 码	产品名称	规 格	单 位	单 价	数 量	金 额	备 注
CP102	奶糖		件	63.28	1 750	110 740.00	含税价
合计	人民币(大写)：壹拾壹万零柒佰肆拾元整				—	¥110 740.00	

销售经理：钟国钊　　　经手人：赵爱东　　　会计：李红　　　签收人：王俊

电子发票（增值税专用发票）

发票号码：24322000000000071938
开票日期：2024年12月06日

购买方信息	名称：镇江恒发有限公司 统一社会信用代码/纳税人识别号：913211115742301415				销售方信息	名称：江苏东方糖果有限责任公司 统一社会信用代码/纳税人识别号：913210025463484658		
项目名称	规格型号	单位	数量	单价	金额	税率/征收率	税额
*糖果类食品*奶糖		件	1750	56.00	98000.00	13%	12740.00
合计					¥98000.00		¥12740.00
价税合计（大写）	⊗ 壹拾壹万零柒佰肆拾元整				（小写）¥110740.00		
备注							

开票人：何治瑾

经理办公会议纪要

企业根据销售及退货情况分析，各产品的退货率为2%。

参加人员： 崔伟 蒋敏 钟国钊

2024年12月06日

江苏东方糖果有限责任公司业务凭证

购销合同

购方：镇江恒发有限公司　　　　　　　合同编号：2024275
销方：江苏东方糖果有限责任公司　　　签订地点：扬州市

供需双方本着互利互惠、长期合作的原则，根据《中华人民共和国民法典》及双方的实际情况，就需方向供方采购事宜，订立本合同，以使双方在合同履行中共同遵守。

一、产品名称、数量、单价、金额：

产品名称	规格型号	计量单位	数量	单价	金额	备注
奶糖		件	1750	63.28	110740.00	含税金额
合计					￥110740.00	
合计人民币（大写）：	壹拾壹万零柒佰肆拾元整					

二、质量要求、技术标准、供方对质量负责的条件和期限：按合同企业标准。

三、（1）交（提）货地点、方式：江苏省扬州市金山路21号

　　（2）交货日期：2024-12-06

四、付款时间与付款方式：

五、运输方式及到站、港和费用负担：销售方承担

六、合理损耗及计算方法：以实际数量验收。

七、包装标准、包装物的供应与回收：普通包装，不回收包装物。

八、验收标准、方法及提出异议期限：

　　货到需方七天内提出质量异议，不包括运输过程中造成的质量问题。

自收到货物的30天内可以提出退货，运费由购货方承担。

九、违约责任：按《民法典》

十、解决合同纠纷的方式：双方协商解决。

十一、其他约定事项：

　　本合同一式两份，需、供双方各一份，经双方盖章后即生效。

购方：（盖章）　镇江恒发有限公司　　　　　购方：（盖章）　江苏东方糖果有限责任公司
单位地址：江苏省镇江市润州区周华街明珠路19号　单位地址：江苏省扬州市金山路21号
电　话：0511-68390385　　　　　　　　　电　话：0514-16001005
签订日期：2020-05-01　　　　　　　　　　签订日期：2020-05-01
开户银行：中国建设银行镇江市润州区支行　　开户银行：中国建设银行扬州市广陵区支行
账　号：4168513523128　　　　　　　　　账　号：6671893980

业务17　2024年12月9日，取得原始凭证1张。

中国建设银行客户专用回单

转账日期：　2024　年　12　月　9　日
凭证字号：　202412093232103190

纳税人全称及纳税人识别号：江苏东方糖果有限责任公司913210025463484658
付款人全称：　江苏东方糖果有限责任公司
付款人账号：　6671893980
付款人开户银行：　中国建设银行扬州市广陵区支行
小写（合计）金额　￥113.21
大写（合计）金额　人民币 壹佰壹拾叁元贰角壹分
税（费）种名称　　所属时期
个人所得税　　　20241101-20241130

征收机关名称：　扬州市广陵区税务局
收缴国库（银行）名称：　国家金库扬州市广陵区支库
缴款书交易流水号：　202412093232109747844
税票号码：　042019263608547669
实缴金额
￥113.21

业务18　2024年12月9日，取得原始凭证2张。

发票号码：24112000000000095565
开票日期：2024年12月09日

购买方信息	名称：江苏东方糖果有限责任公司 统一社会信用代码/纳税人识别号：913210025463484658				销售方信息	名称：诚杰安装维修有限公司 统一社会信用代码/纳税人识别号：911101014267489736			
项目名称	规格型号	单位	数量	单价		金额		税率/征收率	税额
*安装服务*设备安装费		次	1	4504.50		4504.50		9%	405.41
合计						￥4504.50			￥405.41
价税合计(大写)	⊗ 肆仟玖佰零玖元玖角壹分					(小写) ￥4909.91			
备注									

开票人：王群忠

中国建设银行
转账支票存根
10501821
00002270

附加信息 付款行账号：
6671893980

出票日期 *2024* 年 *12* 月 *09* 日

收款人：诚杰安装维修有限公司

金　额：¥4 909.91

用　途：支付设备S103安装费

单位主管　　会计

业务19　2024年12月9日，取得原始凭证4张。

中国建设银行
转账支票存根
10501821
00002271

附加信息 付款行账号：
6671893980

出票日期 *2024* 年 *12* 月 *09* 日

收款人：江苏东方糖果有限责任公司

金　额：¥117 212.92

用　途：支付工资

单位主管　　会计

工资发放明细表

2024-12-09 单位:元

姓名	部门	岗位	应付工资	代扣三险一金				代扣个人所得税	实发工资
				代扣医疗保险	代扣养老保险	代扣失业保险	代扣住房公积金		
周虹雷	办公室	法定代表人	8 050.00	161.00	644.00	40.25	805.00	41.99	6 357.76
崔 伟	办公室	总经理	7 550.00	151.00	604.00	37.75	755.00	30.07	5 972.18
肖丽华	办公室	办公室主任	6 380.00	127.60	510.40	31.90	638.00	2.17	5 069.93
华正凡	办公室	办公室职员	4 000.00	80.00	320.00	20.00	400.00	0.00	3 180.00
赵志伟	办公室	物资管理员	4 000.00	80.00	320.00	20.00	400.00	0.00	3 180.00
张宇翔	办公室	仓管员	4 000.00	80.00	320.00	20.00	400.00	0.00	3 180.00
蒋 敏	财务部	财务经理	6 500.00	130.00	520.00	32.50	650.00	5.02	5 162.48
李 红	财务部	会计	4 200.00	84.00	336.00	21.00	420.00	0.00	3 339.00
何治瑾	财务部	出纳	3 400.00	68.00	272.00	17.00	340.00	0.00	2 703.00
王群忠	采购部	采购经理	6 000.00	120.00	480.00	30.00	600.00	0.00	4 770.00
李 津	采购部	采购员	4 000.00	80.00	320.00	20.00	400.00	0.00	3 180.00
钟国钊	销售门市部	销售经理	6 580.00	131.60	526.40	32.90	658.00	6.94	5 224.16
赵爱东	销售门市部	销售员	3 500.00	70.00	280.00	17.50	350.00	0.00	2 782.50
吴鹏英	生产车间	生产车间主任	7 000.00	140.00	560.00	35.00	700.00	16.95	5 548.05
伊 翔	生产车间	车间核算员	5 000.00	100.00	400.00	25.00	500.00	0.00	3 975.00
姜至忠	生产车间	车间核算员	4 300.00	86.00	344.00	21.50	430.00	0.00	3 418.50
刘泽军	生产车间	车间工人	4 000.00	80.00	320.00	20.00	400.00	0.00	3 180.00
刘建国	生产车间	车间工人	4 600.00	92.00	368.00	23.00	460.00	0.00	3 657.00
陈树军	生产车间	车间工人	4 500.00	90.00	360.00	22.50	450.00	0.00	3 577.50
安雪梅	生产车间	车间工人	4 800.00	96.00	384.00	24.00	480.00	0.00	3 816.00
张长越	生产车间	车间工人	5 400.00	108.00	432.00	27.00	540.00	0.00	4 293.00
王杏允	生产车间	车间工人	6 500.00	130.00	520.00	32.50	650.00	5.02	5 162.48
张广兴	生产车间	车间工人	6 000.00	120.00	480.00	30.00	600.00	0.00	4 770.00
李 杰	生产车间	车间工人	6 500.00	130.00	520.00	32.50	650.00	5.02	5 162.48
张 玮	生产车间	车间工人	4 200.00	84.00	336.00	21.00	420.00	0.00	3 339.00
赵新莉	生产车间	车间工人	3 400.00	68.00	272.00	17.00	340.00	0.00	2 703.00
胡景峰	生产车间	车间工人	4 220.00	84.40	337.60	21.10	422.00	0.00	3 354.90
赵兴东	工程部门	职员	5 500.00	110.00	440.00	27.50	550.00	0.00	4 372.50
杨 静	工程部门	职员	3 500.00	70.00	280.00	17.50	350.00	0.00	2 782.50
合计			147 580.00	2 951.60	11 806.40	737.90	14 758.00	113.18	117 212.92

制表:李红 审核:蒋敏

截至本月累计专项附加扣除

2024-12　　　　　　　　　　　　　　　　　　　　　　　　　单位:元

姓名	累计子女教育	累计住房贷款利息	累计住房租金	累计赡养老人	累计继续教育
周虹雷					
崔　伟					
肖丽华					
华正凡					
赵志伟					
张宇翔					
蒋　敏					
李　红					
何治瑾					
王群忠					
李　津					
钟国钊					
赵爱东					
吴鹏英					
伊　翔					
姜至忠					
刘泽军					
刘建国					
陈树军					
安雪梅					
张长越					
王杏允					
张广兴					
李　杰					
张　玮					
赵新莉					
胡景峰					
赵兴东					
杨　静					
合计	0.00	0.00	0.00	0.00	0.00

制表:李红　　　　　　　　　审核:蒋敏

工资薪金所得个所税税款计算表

2024-12-09　　　　　　　　　　　　　　　　　　　　　　　　　　　单位:元

姓名	累计收入	累计减除费用	累计代扣三险一金合计	累计专项附加扣除合计	累计应纳税所得额	累计应扣缴税额	已缴税额	应补(退)税额
周虹雷	96 600.00	60 000.00	19 803.00				461.92	
崔 伟	90 600.00	60 000.00	18 573.00				330.74	
肖丽华	76 560.00	60 000.00	15 694.80				23.79	
华正凡	48 000.00	60 000.00	9 840.00					
赵志伟	48 000.00	60 000.00	9 840.00					
张宇翔	48 000.00	60 000.00	9 840.00					
蒋 敏	78 000.00	60 000.00	15 990.00				55.28	
李 红	50 400.00	60 000.00	10 332.00					
何治瑾	40 800.00	60 000.00	8 364.00					
王群忠	72 000.00	60 000.00	14 760.00					
李 津	48 000.00	60 000.00	9 840.00					
钟国钊	78 960.00	60 000.00	16 186.80				76.26	
赵爱东	42 000.00	60 000.00	8 610.00					
吴鹏英	84 000.00	60 000.00	17 220.00				186.45	
伊 翔	60 000.00	60 000.00	12 300.00					
姜至忠	51 600.00	60 000.00	10 578.00					
刘泽军	48 000.00	60 000.00	9 840.00					
刘建国	55 200.00	60 000.00	11 316.00					
陈树军	54 000.00	60 000.00	11 070.00					
安雪梅	57 600.00	60 000.00	11 808.00					
张长越	64 800.00	60 000.00	13 284.00					
王杏允	78 000.00	60 000.00	15 990.00				55.28	
张广兴	72 000.00	60 000.00	14 760.00					
李 杰	78 000.00	60 000.00	15 990.00				55.28	
张 玮	50 400.00	60 000.00	10 332.00					
赵新莉	40 800.00	60 000.00	8 364.00					
胡景峰	50 640.00	60 000.00	10 381.20					
赵兴东	66 000.00	60 000.00	13 530.00					
杨 静	42 000.00	60 000.00	8 610.00					
合 计							1 245.00	

制表:　　　　　　　　　　　审核:

业务20　2024年12月10日，取得原始凭证1张。

中国建设银行客户专用回单

转账日期：2024 年 12 月 10 日

凭证字号：2024121032321074

纳税人全称及纳税人识别号：江苏东方糖果有限责任公司913210025463484658

付款人全称：江苏东方糖果有限责任公司

付款人账号：6671893980

付款人开户银行：中国建设银行扬州市广陵区支行

小写（合计）金额：¥36715.88

大写（合计）金额：人民币 叁万陆仟柒佰壹拾伍元捌角捌分

征收机关名称：国家税务总局扬州市广陵区税务局

收缴国库（银行）名称：国家金库扬州市广陵区支库

缴款书交易流水号：2024121032321070 59665

税票号码：042024803546156783

税（费）种名称	所属时期	实缴金额
企业所得税	2024-11-01至2024-11-30	¥36715.88

业务21　2024年12月10日，取得原始凭证1张。

中国建设银行客户专用回单

转账日期：2024 年 12 月 10 日

凭证字号：202412103232105204

纳税人全称及纳税人识别号：江苏东方糖果有限责任公司913210025463484658

付款人全称：江苏东方糖果有限责任公司

付款人账号：6671893980

付款人开户银行：中国建设银行扬州市广陵区支行

小写（合计）金额：¥253100.00

大写（合计）金额：人民币 贰拾伍万叁仟壹佰元整

征收机关名称：国家税务总局扬州市广陵区税务局

收缴国库（银行）名称：国家金库扬州市广陵区支库

缴款书交易流水号：202412103232105686023

税票号码：042024656754581525

税（费）种名称	所属时期	实缴金额
增值税	2024-11-01至2024-11-30	¥253100.00

业务22 2024年12月10日，取得原始凭证1张。

中国建设银行客户专用回单

转账日期：2024 年 12 月 10 日
凭证字号：202412103232108875

纳税人全称及纳税人识别号：江苏东方糖果有限责任公司913210025463484658
付款人全称：江苏东方糖果有限责任公司
付款人账号：6671893980
付款人开户银行：中国建设银行扬州市广陵区支行
小写（合计）金额：¥30372.00
大写（合计）金额：人民币 叁万零叁佰柒拾贰元整

征收机关名称：国家税务总局扬州市广陵区税务局
收缴国库（银行）名称：国家金库扬州市广陵区支库
缴款书交易流水号：202412103232108596915
税票号码：0420242467886020957

税（费）种名称	所属时期	实缴金额
城市维护建设税	2024-11-01至2024-11-30	¥17717.00
教育费附加	2024-11-01至2024-11-30	¥7593.00
地方教育附加	2024-11-01至2024-11-30	¥5062.00

（中国建设银行扬州市广陵区支行 电子回单专用章）

业务23 2024年12月10日，取得原始凭证1张。

中国建设银行客户专用回单

转账日期：2024 年 12 月 10 日
凭证字号：2024121032321035

纳税人全称及纳税人识别号：江苏东方糖果有限责任公司913210025463484658
付款人全称：江苏东方糖果有限责任公司
付款人账号：6671893980
付款人开户银行：中国建设银行扬州市广陵区支行
小写（合计）金额：¥54899.76
大写（合计）金额：人民币 伍万肆仟捌佰玖拾玖元柒角陆分

征收机关名称：国家税务总局扬州市广陵区税务局
收缴国库（银行）名称：国家金库扬州市广陵区支库
缴款书交易流水号：202412103232108142707
税票号码：042024891523174546

税（费）种名称	所属时期	实缴金额
基本养老保险	2024-12-01至2024-12-31	¥35419.20
基本失业保险	2024-12-01至2024-12-31	¥1475.80
基本医疗保险	2024-12-01至2024-12-31	¥17709.60
基本工伤保险	2024-12-01至2024-12-31	¥295.16

业务 24 2024年12月10日，取得原始凭证2张。

中国建设银行 进账单（回单） 1

2024 年 12 月 10 日

出票人	全　称	江苏东方糖果有限责任公司	收款人	全　称	扬州市住房公积金管理中心									
	账　号	6671893980		账　号	41161403576771									
	开户银行	中国建设银行扬州市广陵区支行		开户银行	中国建设银行扬州玉龙路支行	亿	千	百	十万	千	百	十	元	角	分
金额	人民币（大写）	贰万玖仟伍佰壹拾陆元整			中国建设银行扬州市广陵区支行 2024-12-10 办讫(01)			¥	2	9	5	1	6	0	0
票据种类	转账支票	票据张数	1												
票据号码	1050182100002272														
		复核　　记账			开户银行签章										

业务 25　2024 年 12 月 12 日,取得原始凭证 2 张。

新增固定资产登记表
2024 年 12 月 12 日

资产名称	种类	单位	数量	购入日期	投入使用日期	使用部门
S103	生产设备	台	1	2024-12-06	2024-12-12	生产车间

制表人:李红　　　　　　　　　复核人:蒋敏

固定资产竣工决算表
2024 年 12 月 12 日　　　　　　　　　　　　　　　　　　单位:元

名称	买价	安装成本	决算总金额
S103	51 000.00	4 504.50	55 504.50
财务部门意见: 同意　蒋敏 2024 年 12 月 12 日		公司领导意见: 同意　崔伟 2024 年 12 月 12 日	

编制人:李红　　　　　　　使用部门负责人:吴鹏英

业务 26　2024 年 12 月 12 日,取得原始凭证 1 张。

职工困难补助申请支付表(代现金收据)
2024-12-12　　　　　　　　　　　　　　　　　　单位:元

申请人姓名	姜志忠	所在部门	生产车间
申请金额	人民币壹仟元整　现金付讫		
申请理由	爱人常年生病,无收入来源,家庭收入无法维持生计。		

审批:崔伟　　　　　财务审核:蒋敏　　　　　部门审核:吴鹏英

业务 27 2024 年 12 月 12 日,取得原始凭证 1 张。

中国建设银行 进账单（收账通知） 3

2024 年 12 月 12 日

出票人	全 称	扬州飞跃有限公司	收款人	全 称	江苏东方糖果有限责任公司										
	账 号	41508568002725		账 号	6671893980										
	开户银行	中国建设银行扬州市广陵区支行		开户银行	中国建设银行扬州市广陵区支行										
金额	人民币（大写）	壹拾万元整				亿	千	百	十	万	千	百	十	元	角	分
							¥	1	0	0	0	0	0	0	0
票据种类	转账支票	票据张数	1	2024-12-12 办讫 (01)											
票据号码	1050182116147899														
		复核　　记账								开户银行签章					

中国建设银行
扬州市广陵区支行
2024-12-12
办讫
(01)

此联是收款人开户银行交给收款人的收账通知

业务 28 2024 年 12 月 12 日,取得原始凭证 1 张。

借 款 单

2024 年 12 月 12 日　　　　　　　　　　　　　　NO 02858

借款人：王群忠	所属部门：采购部
借款用途：预借差旅费	现金付讫
借款金额：人民币（大写）壹仟元整	¥1 000.00
部门负责人审批：同意　王群忠 2024-12-12	借款人（签章）：王群忠 2024-12-12
财务部门审核：同意　蒋敏 2024-12-12	
单位负责人批示：同意	签字：崔伟 2024-12-12
核销记录：	

第一联　付款联（付款人记账）

业务 29 2024 年 12 月 13 日,取得原始凭证 5 张。

销 售 单

购货单位:江苏红明有限公司
地址和电话:江苏省常州市钟楼区曹雪街傅保路 14 号 0519-53322898
纳税识别号:913204046508836376　　　　　　　　　　单据编号:XS4931
开户行及账号:中国建设银行常州市钟楼区支行 41622124968013　　制单日期:2024-12-13

编码	产品名称	规格	单位	单价	数量	金额	备注
CP1003	果酸乳汁		件	30.65	10 000	306 456.00	含税价
合计	人民币(大写):叁拾万陆仟肆佰伍拾陆元整				—	￥306 456.00	

销售经理:钟国钊　　　经手人:赵爱东　　　会计:李红　　　签收人:刘志

电子发票(增值税专用发票)　　发票号码:24322000000000060153
开票日期:2024年12月13日

购买方信息	名称:	江苏红明有限公司			销售方信息	名称:	江苏东方糖果有限责任公司		
	统一社会信用代码/纳税人识别号:	913204046508836376				统一社会信用代码/纳税人识别号:	913210025463484658		

项目名称	规格型号	单位	数量	单价	金额	税率/征收率	税额
*其他食品*果酸乳汁		件	10000	27.12	271200.00	13%	35256.00
合计					￥271200.00		￥35256.00
价税合计(大写)	⊗ 叁拾万陆仟肆佰伍拾陆元整					(小写) ￥306456.00	
备注							

开票人:何治瑶

中国建设银行 进账单 （收账通知） 3

2024 年 12月 13日

出票人	全 称	江苏红明有限公司	收款人	全 称	江苏东方糖果有限责任公司
	账 号	41638132408169		账 号	6671893980
	开户银行	中国建设银行常州市钟楼区支行		开户银行	中国建设银行扬州市广陵区支行

金额	人民币（大写）	叁拾万陆仟肆佰伍拾陆元整		亿 千 百 十 万 千 百 十 元 角 分
				¥ 3 0 6 4 5 6 0 0

票据种类	银行汇票	票据张数	2
票据号码	1050184256175387		

中国建设银行
扬州市广陵区支行
2024-12-13
收讫
(01)

复核　　记账　　　　　　　　　　　　开户银行签章

此联是收款人开户银行交给收款人的收账通知

江苏东方糖果有限责任公司业务凭证

购销合同

购方：江苏红明有限公司　　　　　　　　合同编号：2024278
销方：江苏东方糖果有限责任公司　　　　签订地点：扬州市

供需双方本着互利互惠、长期合作的原则，根据《中华人民共和国民法典》及双方的实际情况，就需方向供方采购事宜，订立本合同，以使双方在合同履行中共同遵守。

一、产品名称、数量、单价、金额：

产品名称	规格型号	计量单位	数量	单价	金额	备注
果酸乳汁		件	10000	30.65	306456.00	含税金额
合计					￥306456.00	

合计人民币（大写）：叁拾万陆仟肆佰伍拾陆元整

二、质量要求、技术标准、供方对质量负责的条件和期限：按合同企业标准。

三、（1）交（提）货地点、方式：江苏省扬州市金山路21号

　　（2）交货日期：2024-12-13

四、付款时间与付款方式：付款方式：银行汇票

五、运输方式及到站、港和费用负担：销售方承担

六、合理损耗及计算方法：以实际数量验收。

七、包装标准、包装物的供应与回收：普通包装，不回收包装物。

八、验收标准、方法及提出异议期限：

　　货到需方七天内提出质量异议，不包括运输过程中造成的质量问题。

自收到货物的30天内可以提出退货，运费由购货方承担。

九、违约责任：按《民法典》

十、解决合同纠纷的方式：双方协商解决。

十一、其他约定事项：

　　本合同一式两份，需、供双方各一份，经双方盖章后即生效。

购方（盖章）：江苏红明有限公司	购方（盖章）：江苏东方糖果有限责任公司
单位地址：江苏省常州市钟楼区张天街张艳路90号	单位地址：江苏省扬州市金山路21号
电　话：0519-21969520	电　话：0514-16001005
签订日期：2024-11-01	签订日期：2024-11-01
开户银行：中国建设银行常州市钟楼区支行	开户银行：中国建设银行扬州市广陵区支行
账　号：41638132400689	账　号：6671893980

经理办公会议纪要

企业根据销售及退货情况分析,各产品的退货率为2%。

参加人员:　　　　崔伟　蒋敏　钟国钊

2024 年 12 月 13 日

业务 30　2024 年 12 月 15 日,取得原始凭证 2 张。

公益性单位接受捐赠统一收据
UNIFIED INVOICE OF DONATION FOR PUBLIC WELFARE ORGANIZATION

2024 年 12 月 15 日　　(04)No 24676603

捐赠者 Donor	江苏东方糖果有限责任公司
捐赠项目 For Purpose	定向捐赠
捐赠金额(实物价值) 大写 Total Amount In Words	⊗佰⊗拾壹万零仟零佰零拾零元零角零分
小写 In Figures	¥ 1 0 0 0 0 0 0
货币(实物)种类 Currency (Materl Objects)	货币资金
备注 Notes	

接收单位(签章) Receiver's Seal　　审核 Verified by　　经手人 王万勇 Handling Person　　支票号 Cheque No

您谢您的慷慨捐赠！ Thank you for your generous donation!

中国建设银行
转账支票存根
10501821

00002273

附加信息
付款行账号:
6671893980

出票日期 2024 年 12 月 15 日
收款人: 扬州红十字基金会

金　额: ¥10 000.00
用　途: 支付公益捐款

单位主管　　会计

业务 31　2024 年 12 月 16 日，取得原始凭证 2 张。

电子发票（增值税专用发票）

发票号码：24322000000000041425
开票日期：2024年12月15日

购买方信息	名称：江苏东方糖果有限责任公司 统一社会信用代码/纳税人识别号：913210025463484658		销售方信息	名称：宣广传媒服务有限公司 统一社会信用代码/纳税人识别号：913204113675393582	
项目名称	规格型号	单位	数量	单价	金额	税率/征收率	税额
*广告服务*其他广告发布服务		次	1	20000.00	20000.00	6%	1200.00
合计					¥20000.00		¥1200.00
价税合计（大写）	⊗ 贰万壹仟贰佰元整				（小写）¥21200.00		
备注	货物名称：硬糖、奶糖、果酸乳汁						

开票人：王月平

中国建设银行客户专用回单

币别：人民币　　2024 年 12 月 16 日　　流水号：321020027J0500810097

付款人	全称	江苏东方糖果有限责任公司	收款人	全称	宣广传媒服务有限公司
	账号	6671893980		账号	41397213114744
	开户行	中国建设银行扬州市广陵区支行		开户行	中国建设银行常州市新北区支行
金额	（大写）人民币贰万壹仟贰佰元整			（小写）¥21200.00	
凭证种类	网银		凭证号码		
结算方式	转账		用途	支付广告费	

打印柜员：321025584257
打印机构：中国建设银行扬州市广陵区支行
打印卡号：6671893980

打印时间：2024-12-16　　交易柜员：321025584268　　交易机构：321010549

业务 32 2024 年 12 月 16 日,取得原始凭证 2 张。

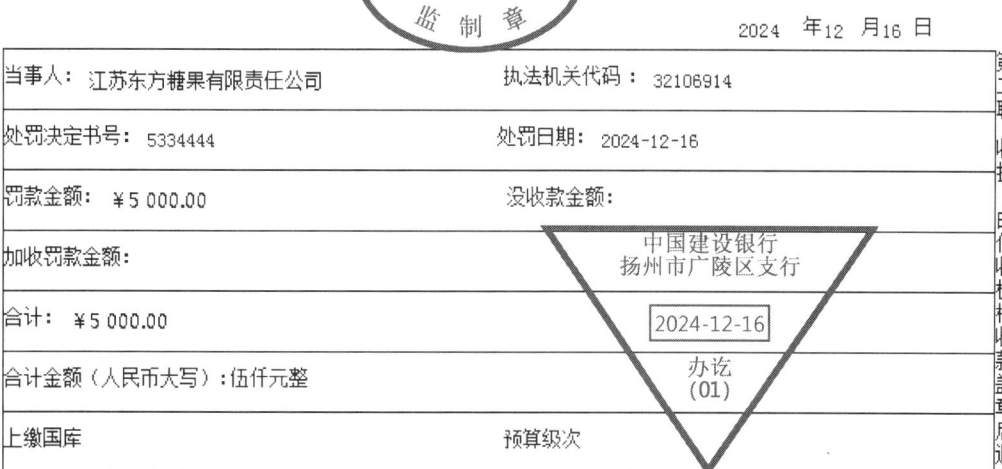

业务33 2024年12月16日,取得原始凭证1张。

固定资产处置申请单
2024 年 12 月 16 日

固定资产名称	格力空调	单位	台	取得日期	2023-05-01	数量	1
资产编号	GDZC012	停用时间	2024-12-16	投入使用时间	2023-05-10	使用部门	销售门市部
已提折旧月数	18	原值	6 000.00	累计折旧	1 706.40		
有效使用年限	5	月折旧额	94.80	净值	4 293.60		
处置原因:因不满足生产需要而出售							
财务部门意见： 　同意出售　蒋敏 　　　　　2024 年 12 月 16 日				公司领导意见： 　同意出售固定资产　崔伟 　　　　　2024 年 12 月 16 日			

编制人:李红　　　　　　　使用部门负责人:吴鹏英

业务34 2024年12月16日,取得原始凭证2张。

电子发票（增值税专用发票）

发票号码：24322000000000068298
开票日期：2024年12月16日

购买方信息	名称：江苏东方糖果有限责任公司
	统一社会信用代码/纳税人识别号：913210025463484658

销售方信息	名称：南通天天物流有限公司
	统一社会信用代码/纳税人识别号：913206023216067908

项目名称	规格型号	单位	数量	单价	金额	税率/征收率	税额
物流辅助服务*装卸搬运服务		次	1	200.00	200.00	6%	12.00
合计					¥200.00		¥12.00
价税合计(大写)	⊗ 贰佰壹拾贰元整				(小写) ¥212.00		
备注							

开票人：杨爱忠

收款收据

NO.75220711

2024 年 12 月 16 日

今 收 到 江苏东方糖果有限责任公司

交 来：货款

金额（大写）　零佰　零拾　零万　零仟　贰佰　壹拾　贰元　零角　零分

¥ 212.00　☑现金　□转账支票　□其他

核准　　会计　　记账　　出纳 宋春燕　经手人 贾翠玲

收款单位（盖章）：南通天子物流有限公司 财务专用章

业务 35　2024 年 12 月 16 日，取得原始凭证 2 张。

电子发票（增值税专用发票）

发票号码：24322000000000027258
开票日期：2024年12月16日

购买方信息	名称：扬州中大有限责任公司 统一社会信用代码/纳税人识别号：913210028840324181				销售方信息	名称：江苏东方糖果有限责任公司 统一社会信用代码/纳税人识别号：913210025463484658		
项目名称	规格型号	单位	数量	单价	金额		税率/征收率	税额
*设备制造*格力空调		台	1	4000.00	4000.00		13%	520.00
合计					¥4000.00			¥520.00
价税合计（大写）	⊗ 肆仟伍佰贰拾元整					（小写）¥4520.00		
备注								

开票人：何治瑶

中国建设银行 进账单 (收账通知) 3

2024 年 12 月 16 日

出票人	全 称	扬州中大有限责任公司	收款人	全 称	江苏东方糖果有限责任公司
	账 号	41842010722873		账 号	6671893980
	开户银行	中国建设银行扬州市广陵区支行		开户银行	中国建设银行扬州市广陵区支行

金额	人民币(大写)	肆仟伍佰贰拾元整		亿千百十万千百十元角分 ¥ 4 5 2 0 0 0

| 票据种类 | 转账支票 | 票据张数 | 1 |
| 票据号码 | 1050182126997012 | | |

中国建设银行 扬州市广陵区支行
2024-12-16
办讫(01)

复核　　记账　　　　　　　　　开户银行签章

业务36　2024 年 12 月 16 日,取得原始凭证 1 张。

固定资产处置结果表
2024 年 12 月 16 日

固定资产名称	格力空调	原价	6 000.00	已提折旧	1 801.20
净值	4 198.80	出售价格(不含税)	4 000.00	清理费用	200.00
出售净损益	－398.80				
财务部门意见: 　净损益按《企业会计准则》处理。　蒋敏 　　　　　　　　　　　2024 年 12 月 16 日			公司领导意见: 　同意　崔伟 　　　　　　　2024 年 12 月 16 日		

业务 37 2024 年 12 月 16 日,取得原始凭证 3 张。

新增无形资产登记表
2024 年 12 月 16 日

资产名称	种类	单位	数量	购入日期	投入使用日期	使用部门
标识B	专利权	套	1	2024-12-16	2024-12-16	办公室

制表人:李红　　　　　　复核人:蒋敏

电子发票(增值税专用发票)　　发票号码:24132000000000063188
　　　　　　　　　　　　　　　开票日期:2024年12月16日

购买方信息	名称:江苏东方糖果有限责任公司 统一社会信用代码/纳税人识别号:913210025463484658	销售方信息	名称:河北大丰保有限公司 统一社会信用代码/纳税人识别号:911301025861087002

项目名称	规格型号	单位	数量	单价	金额	税率/征收率	税额
*无形资产*专利权标识B		套	1	8000.00	8000.00	6%	480.00
合计					¥8000.00		¥480.00

价税合计(大写) 捌仟肆佰捌拾元整　　(小写) ¥8480.00

备注:

开票人:底苗须

中国建设银行客户专用回单

币别:人民币　　2024 年 12 月 16 日　　流水号 105616813433624338592

付款人	全称	江苏东方糖果有限责任公司	收款人	全称	河北大丰保有限公司
	账号	6671893980		账号	41224689353826
	开户行	中国建设银行扬州市广陵区支行		开户行	中国建设银行石家庄市长安区支行
金额	(大写)人民币 捌仟肆佰捌拾元整			(小写) ¥8 480.00	
凭证种类	网银		凭证号码		
结算方式	转账		用途	转账	

打印柜员:321025584257
打印机构:中国建设银行扬州市广陵区支行
打印卡号:105361157355

打印时间:2024-12-16　　交易柜员:321025584268　　交易机构:321010531

业务38 2024年12月17日,取得原始凭证2张。

电子发票(增值税专用发票)

发票号码:24112000000000063359
开票日期:2024年12月16日

购买方信息	名称:江苏东方糖果有限责任公司 统一社会信用代码/纳税人识别号:913210025463484658			销售方信息	名称:丰劳资源管理有限公司 统一社会信用代码/纳税人识别号:911101090883881814		
项目名称	规格型号	单位	数量	单价	金额	税率/征收率	税额
*人力资源服务*招聘服务费		次	1	1000.00	1000.00	6%	60.00
合计					¥1000.00		¥60.00
价税合计(大写)	⊗ 壹仟零陆拾元整				(小写)¥1060.00		
备注							

开票人:赵涛

中国建设银行客户专用回单

币别:人民币   2024年12月17日   流水号:321020027J0500810016

付款人	全称	江苏东方糖果有限责任公司	收款人	全称	丰劳资源管理有限公司
	账号	6671893980		账号	41366498554196
	开户行	中国建设银行扬州市广陵区支行		开户行	中国建设银行北京市门头沟区支行
金额	(大写)人民币壹仟零陆拾元整		(小写)¥1060.00		
凭证种类	网银		凭证号码		
结算方式	转账		用途	支付招聘服务费	

打印柜员:321025584257
打印机构:中国建设银行扬州市广陵区支行
打印卡号:6671893980

打印时间:2024-12-17   交易柜员:321025584268   交易机构:321010586

业务 39 2024 年 12 月 17 日,取得原始凭证 3 张。

差旅费报销单

2024 年 12 月 17 日　　　　　　　　　　　　　附原始单据 2 张

姓名	崔伟		工作部门		办公室		出差事由			探亲路费		
日期		地点		车船费			深夜补贴	途中补贴	住勤费		旅馆费	公交费	金额合计
起	讫	起	讫	车次或船名	时间	金额			地区	天数	补贴			
20241124	20241124	扬州市	徐州市			200.00								200.00
20241214	20241214	徐州市	扬州市			200.00	现金付讫							200.00
报销金额(大写)人民币			肆佰元整						合计(小写)¥400.00					
补付金额:					退回金额:									

领导批准　崔伟　　会计主管　蒋敏　　部门负责人　周洪雷　　审核　李红　　报销人　崔伟

R187923　　　　　检票:二层1号检票口
扬州 yangzhou　D4238次　徐州 Xuzhou 站
2024年11月24日 10:10开　07车18E号
¥200.00元　网折　二等座
限乘当日当次车
3210021981****7945崔伟
238192102505R498629　扬州北售

R338866　　　　　检票:二层3号检票口
徐州 Xuzhou 站　D1599次　扬州 yangzhou 站
2024年12月14日 16:20开　07车19E号
¥200.00元　网折　二等座
限乘当日当次车
3210021981****7945崔伟
238192102505R162157　徐州东售

业务40 2024年12月18日,取得原始凭证8张。

机动车销售统一发票

发票联

发票代码 3203186140
发票号码 03632537

开票日期	2024年12月18日				
机打代码	3203186140	税控码	16*3187</4/+8754<+95-59+7<4589695<0-->>-6>525<152555->7*787*3187</4/+8490<+283161929350+<712/<1+9016>2592++>84>192<+95-59+7<6978869<0-->>-6>525<531319		
机打号码	03632537				
机器编号					
购买方名称及身份证号码/组织机构代码	江苏东方糖果有限责任公司	纳税人识别号	913210025463484658		
车辆类型	大众汽车	厂牌型号	A130	产地	徐州市
合格证号	KBC061474995082	进口证明书号		商检单号	
发动机号码	L0JF4236	车辆识别代号/车架号码	LBNLMAQ87H0JF236		
价税合计	☒人民币壹拾捌万玖仟捌佰肆拾元整			小写	¥189840.00
销货单位名称	欧宝德斯汽车销售有限公司		电话	0516-82267508	
纳税人识别号	913203034216853172		账号	41124934096280	
地址	江苏省徐州市云龙区田爱街陈伟路96号		开户银行	中国建设银行	
增值税税率或征收率	13%	增值税额	¥21840.00	主管税务机关及代码	国家税务总局徐州市云龙区税务局
不含税价	¥168000.00	完税凭证号码		吨位	限乘人数 5人
销售单位盖章 发票专用章		开票人 常席忠		备注: 一车一票	

非税收入缴款通知书

NO 06260158

注册号码: 苏 财(2024年)票字第 005 号

缴款期限:2024年12月18日 非税缴款码:

缴款人	全称	江苏东方糖果有限责任公司		财政机关	扬州市政府非税收入专户		
	账号	6671893980		收款单位	账号	11345465700098	
	开户银行	中国建设银行扬州市广陵区支行			开户银行	中国建设银行扬州市广陵区支行	
收款(处罚)单位				收款(处罚)单位编码			
收款(处罚)项目编码	收款(处罚)项目名称		计量单位	数量	收款标准	金额	备注
0675	机动车辆号牌工本费			1	100	100.00	
0677	机动车驾驶证、行驶证工本费			1	15	15.00	
0684	机动车登记证书工本费			1	10	10.00	
	合计					¥125.00	

备注:
1、缴款人应在规定的时限内一次性缴纳,逾期未缴款的,按应缴额每日加收2%的滞纳金。
2、缴款人对收费项目及标准有异议的,缴款人应先缴费,再向物价局申请复核。
3、被罚款人应在规定的缴款时限内到代收银行一次性缴纳,逾期不缴纳的按《行政处罚决定书》规定,每日按罚款数额的3%加处罚款。
4、实际缴纳金额以缴费查询结果为准。

收费(处罚)单位盖章: 财务专用章 复核人: 开票人:于欢

中华人民共和国税收通用缴款书（税务收现专用）

NO.239766447940509

登记注册类型：内资企业			填发日期 2024 年 12 月 18 日			税务机关：国家税务总局扬州市广陵区税务局		
纳税人识别号	913210025463484658			纳税人名称		江苏东方糖果有限责任公司		
税种	品目名称	课税数量	计税金额或收入	税率或单位税额		税款所属时期	已缴或扣除额	实缴金额
购置税			168000.00	10%				16800.00
金额合计：（大写）人民币 壹万陆仟捌佰元整								¥16800.00
税务机关盖章		代征单位盖章		填票人	备注 一般申报，车架号：WRFHS13RTGENG9020			

妥善保管。

代收车船税

电子发票（普通发票）

发票号码：24322000000000027577
开票日期：2024年12月18日

购买方信息	名称：江苏东方糖果有限责任公司 统一社会信用代码/纳税人识别号：913210025463484658				销售方信息	名称：江苏平安保险股份有限公司 统一社会信用代码/纳税人识别号：913210023003942032		
项目名称	规格型号	单位	数量	单价		金额	税率/征收率	税额
江苏平安保险股份有限公司		年	1	4000.00		4000.00	6%	240.00
*保险服务*车险-交强险-企业非营业客-		年	1	950.00		950.00	6%	57.00
合计						¥4950.00		¥297.00
价税合计（大写）	⊗ 伍仟贰佰肆拾柒元整					（小写）¥5247.00		
备注	保险单号：332041903202433873、332041903202425059 车牌号/船舶登记号：苏B01045 税款所属期：2024年1-12月代收车船税 车架号：LBNLMAQ87H0JF236 代收车船税金额：30.00 滞纳金金额：0.00 金额合计：5277.00							

开票人：宋玉生

中国建设银行客户专用回单

币别：人民币　　2024 年 12 月 18 日　　流水号：321020027J0500810027

付款人	全称	江苏东方糖果有限责任公司	收款人	全称	欧塞苞斯汽车销售有限公司
	账号	6671893980		账号	41124934096280
	开户行	中国建设银行扬州市广陵区支行		开户行	中国建设银行徐州市云龙区支行
金额	（大写）人民币贰拾壹万贰仟零肆拾贰元整			（小写）￥212042.00	
凭证种类	网银		凭证号码		
结算方式	转账		用途	购车款	

打印柜员：321025584257
打印机构：中国建设银行扬州市广陵区支行
打印卡号：6671893980

打印时间：2024-12-18　　交易柜员：321025584268　　交易机构：321010592

（中国建设银行扬州市广陵区支行 电子回单专用章）

新增固定资产登记表
2024 年 12 月 18 日

资产名称	种类	单位	数量	购入日期	投入使用日期	使用部门
大众汽车	运输设备	辆	1	2024-12-18	2024-12-18	采购部

制表人：李红　　　　　　　　　　　　　　复核人：蒋敏

中华人民共和国
税收通用缴款书（税务收现专用）

NO.239766449284146

登记注册类型：内资企业　　填发日期：2024 年 12 月 18 日　　税务机关：国家税务总局扬州市广陵区税务局

纳税人识别号：913210025463484658　　纳税人名称：江苏东方糖果有限责任公司

税种	品目名称	课税数量	计税金额或收入	税率或单位税额	税款所属时期	已缴或扣除额	实缴金额
印花税			168000.00	0.03%	2024-12-18至2024-12-18		50.40

金额合计：（大写）人民币 伍拾元肆角整　　　　　　　　　　￥50.40

税务机关盖章　　代征单位盖章　　填票人　　备注

妥善保管

中国建设银行客户专用回单

币别：人民币　　　　2024 年 12 月 18 日　　　流水号 321020027J0500810096

付款人	全称	江苏东方糖果有限责任公司	收款人	全称	国家税务总局扬州市广陵区税务局
	账号	6671893980		账号	15080232107530088559813
	开户行	中国建设银行扬州市广陵区支行		开户行	中国建设银行扬州市广陵区支行
金额	（大写）伍拾元肆角整			（小写）50.40	
凭证种类	网银		凭证号码		
结算方式	转账		用途	支付印花税	

打印柜员：321025584257
打印机构：中国建设银行扬州市广陵区支行
打印卡号：6671893980

（中国建设银行扬州市广陵区支行 电子回单 专用章）

打印时间：2024-12-18　　交易柜员：321025584268　　交易机构：321010539

业务 41　2024 年 12 月 19 日，取得原始凭证 2 张。

中国建设银行客户专用回单

币别：人民币　　　　2024 年 12 月 19 日　　　流水号 321020027J0500810005

付款人	全称	江苏东方糖果有限责任公司	收款人	全称	常来客酒店有限公司
	账号	6671893980		账号	41396356548066
	开户行	中国建设银行扬州市广陵区支行		开户行	中国建设银行常州市戚墅堰区支行
金额	（大写）人民币 壹仟伍佰元整			（小写）￥1 500.00	
凭证种类	网银		凭证号码		
结算方式	转账		用途	支付餐费	

打印柜员：321025584257
打印机构：中国建设银行扬州市广陵区支行
打印卡号：6671893980

（中国建设银行扬州市广陵区支行 电子回单 专用章）

打印时间：2024-12-19　　交易柜员：321025584268　　交易机构：321010560

电子发票（普通发票）

发票号码：24322000000000090520
开票日期：2024年12月18日

购买方信息	名称：江苏东方糖果有限责任公司 统一社会信用代码/纳税人识别号：913210025463484658			销售方信息	名称：常来客酒店有限公司 统一社会信用代码/纳税人识别号：913204056196486334			
项目名称	规格型号	单位	数量	单价	金额	税率/征收率	税额	
*餐饮服务*餐饮费		次	1	1415.09	1415.09	6%	84.91	
合计					¥1415.09		¥84.91	
价税合计（大写）	⊗ 壹仟伍佰元整				（小写）¥1500.00			
备注								

开票人：于凌霄

业务42 2024年12月21日，取得原始凭证2张。

中国银行股份有限公司贷款还息凭证

打印日期 2024 年 12 月 21 日

客户号：19609325　　　　　　　　　　　　机构代码：105
借款单位：江苏东方糖果有限责任公司

产生利息账号	还息金额	Osp现有余额	备　注
41702722356	3 000.00元		合同号：00091

金额合计	（大写）人民币 叁仟元整 （小写）CNY****3 000.00

付款账号：41702722356
合同编号：00091
交易业务号：105LAA110089008

中国银行
扬州市广陵区支行
2024-12-21
转讫
(01)

开票：王秀霞　　记账：　　　　复核：　　　　（盖章）

 电子发票（普通发票）

发票号码：24322000000000048450
开票日期：2024年12月21日

购买方信息	名称：江苏东方糖果有限责任公司 统一社会信用代码/纳税人识别号：913210025463484658					销售方信息	名称：中国银行扬州市广陵区支行 统一社会信用代码/纳税人识别号：9132105338103486		
项目名称	规格型号	单位	数量	单价	金额			税率/征收率	税额
*金融服务*贷款服务			1	2830.19	2830.19			6%	169.81
合计					￥2830.19				￥169.81
价税合计（大写）	叁仟元整					（小写）￥3000.00			
备注									

开票人：邱蕾辉

业务43 2024年12月21日，取得原始凭证2张。

中国银行股份有限公司贷款还息凭证

打印日期 2024 年 12 月 21 日

客户号：19609325			机构代码：105	
借款单位：江苏东方糖果有限公司				
产生利息账号	还息金额	Osp现有余额	备注	
41702722356	1 583.33元		合同号：00093	
金额合计	（大写）人民币 壹仟伍佰捌拾叁元叁角叁分 （小写）CNY****1 583.33			中国银行 扬州市广陵区支行 2024-12-21 转讫(01) (盖章)
付款账号：41702722356				
合同编号：00093				
交易业务号：105LAA110089008				

开票：徐书景　　记账：　　复核：

电子发票（普通发票）

发票号码：24322000000000038913
开票日期：2024年12月21日

购买方信息	名称：江苏东方糖果有限责任公司 统一社会信用代码/纳税人识别号：913210025463484658				销售方信息	名称：中国银行扬州市广陵区支行 统一社会信用代码/纳税人识别号：9132105338103486		
项目名称	规格型号	单位	数量	单价	金额	税率/征收率		税额
*金融服务*贷款服务			1	1493.71	1493.71	6%		89.62
合计					¥1493.71			¥89.62
价税合计（大写）	⊗ 壹仟伍佰捌拾叁元叁角叁分					（小写）¥1583.33		
备注								

开票人：孙胜利

业务44 2024年12月22日，取得原始凭证4张。

销 售 单

购货单位：常州浩方有限公司
地址和电话：江苏省常州市天宁区何彦街张梅路18号 0519-33313523
纳税识别号 913204023158094782　　　　　　　　　　单据编号：XS4932
开户行及账号：中国建设银行常州市天宁区支行41622124728773　　制单日期：2024-12-22

编码	产品名称	规格	单位	单价	数量	金 额	备 注
GP1003	果酸乳汁		件	20.34	5 000	101 700.00	含税价
合计	人民币（大写）：壹拾万壹仟柒佰元整				—	¥101 700.00	

销售经理：钟国钊　　经手人：赵爱东　　会计：李红　　签收人：节振

经理办公会议纪要
企业根据销售及退货情况分析，各产品的退货率为2%。
参加人员：　　　　　崔伟　蒋敏　钟国钊
2024年12月22日

购销合同

购方：常州浩方有限公司　　　　　　合同编号：2024279
销方：江苏东方糖果有限责任公司　　签订地点：扬州市

供需双方本着互利互惠、长期合作的原则，根据《中华人民共和国民法典》及双方的实际情况，就需方向供方采购事宜，订立本合同，以使双方在合同履行中共同遵守。

一、产品名称、数量、单价、金额：

产品名称	规格型号	计量单位	数量	单价	金额	备注
果酸乳汁		打	5000	20.34	101700.00	含税金额
合计					￥101700.00	

合计人民币（大写）：壹拾万壹仟柒佰元整

二、质量要求、技术标准、供方对质量负责的条件和期限：按合同企业标准。

三、（1）交（提）货地点、方式：江苏省扬州市金山路21号

（2）交货日期：2024-12-22

四、付款时间与付款方式：

五、运输方式及到站、港和费用负担：销售方承担

六、合理损耗及计算方法：以实际数量验收。

七、包装标准、包装物的供应与回收：普通包装，不回收包装物。

八、验收标准、方法及提出异议期限：

货到需方7天内提出质量异议，不包括运输过程中造成的质量问题。

自收到货物的30天内可以提出退货，运费由购货方承担。

九、违约责任：按《民法典》

十、解决合同纠纷的方式：双方协商解决。

十一、其他约定事项：

本合同一式两份，需、供双方各一份，经双方盖章后即生效。

购方（盖章）：常州浩方有限公司　　　　　购方（盖章）：江苏东方糖果有限责任公司
单位地址：江苏省常州市天宁区杨彪街徐建路51号　　单位地址：江苏省扬州市金山路21号
电　话：0519-72342731　　　　　　　　　电　话：0514-16001005
签订日期：2024-11-01　　　　　　　　　　签订日期：2024-11-01
开户银行：中国建设银行常州市天宁区支行　　开户银行：中国建设银行扬州市广陵区支行
账　号：4163949284858　　　　　　　　　账　号：6671893980

电子发票（增值税专用发票）

发票号码：24322000000000056605
开票日期：2024年12月22日

购买方信息	名称：常州浩方有限公司 统一社会信用代码/纳税人识别号：913204023158094782				销售方信息	名称：江苏东方糖果有限责任公司 统一社会信用代码/纳税人识别号：913210025463484658		
项目名称	规格型号	单位	数量	单价	金额	税率/征收率	税额	
*其他食品*果酸乳汁		打	5000	18.00	90000.00	13%	11700.00	
合计					¥90000.00		¥11700.00	
价税合计(大写)	壹拾万壹仟柒佰元整				(小写) ¥101700.00			
备注								

开票人：何治瑾

业务45 2024年12月22日，取得原始凭证2张。

经理办公会议纪要

根据徐州市中级人民法院关于徐州淮海有限公司破产终结公告，应收徐州淮海有限公司款项¥1 000.00（人民币壹仟元整），已无法收回。

参加人员：

崔伟　蒋敏　王群忠　钟国钊

2024年12月22日

徐州市中级人民法院破产终结公告

本院根据债务人徐州淮海有限公司的申请，已于2022年12月04日依法宣告上述单位破产还债。经破产清算组清算，徐州淮海有限公司的破产财产在优先拨付破产费用和职工安置费用后，已无资金清偿第二、第三顺序破产债权，其他债权人的清偿率为零。现破产财产已分配完毕，本院根据清算组的申请，已于2024年12月14日依法裁定终结本案的破产还债程序，未得到清偿的债权不再清偿。

特此公告

徐州市中级人民法院
2024年12月14日

业务46 2024年12月23日,取得原始凭证3张。

经理办公会议纪要

企业拟以不低于每股20.00元的价格出售宝钢股份的股票2 000股。

参加人员：　　　　　蒋敏　王群忠　崔伟　钟国钊

2024年12月22日

交 割 单

营业部名:江苏华兴证券服务股份有限公司
股东姓名:江苏东方糖果有限责任公司
资金账户:62494049129950
当前币种:人民币　　　　　　　　　　　　　　　　单位:元

成交日期	操作	证券代码	证券名称	成交数量(股)	成交均价	成交金额	手续费	印花税	其他费用	结算金额	账户	交易市场
2024-12-22	卖出	600019	宝钢股份	2 000	20.00	40 000.00	8.00	40.00	0.00	39 952.00	62494049129950	上海A股

电子发票（增值税专用发票）

发票号码：24322000000000031856
开票日期：2024年12月23日

购买方信息	名称：	江苏东方糖果有限责任公司		销售方信息	名称：	江苏华兴证券服务股份有限公司
	统一社会信用代码/纳税人识别号：	913210025463484658			统一社会信用代码/纳税人识别号：	913210029901432063

项目名称	规格型号	单位	数量	单价	金额	税率/征收率	税额
*金融服务*直接收费金融服务		笔	1	7.55	7.55	6%	0.45
合计					¥7.55		¥0.45

价税合计(大写)	⊗ 捌元整	(小写) ¥8.00
备注		

开票人：刘铁

业务 47 2024 年 12 月 24 日,取得原始凭证 5 张。

电子发票(增值税专用发票)

发票号码:24322000000000046330
开票日期:2024年12月24日

| 购买方信息 | 名称: 江苏东方糖果有限责任公司 统一社会信用代码/纳税人识别号:913210025463484658 | 销售方信息 | 名称: 南京宏发食品有限公司 统一社会信用代码/纳税人识别号:913201023049077255 |

项目名称	规格型号	单位	数量	单价	金额	税率/征收率	税额
*糖果类食品*白砂糖		千克	10000	4.40	44000.00	13%	5720.00
*糖果类食品*葡萄糖		千克	15000	5.80	87000.00	13%	11310.00
合计					¥131000.00		¥17030.00
价税合计(大写)	⊗ 壹拾肆万捌仟零叁拾元整				(小写) ¥148030.00		
备注							

开票人: 朱建军

收 料 单

供应单位:南京宏发食品有限公司　　2024 年 12 月 24 日　　编号:SL079

材料编号	名称	单位	规格	数量		实际成本			
				应收	实收	单价	发票价格	运杂费	总价
GL01001	白砂糖	千克		10 000	10 000				
GL01002	葡萄糖	千克		15 000	15 000				
备注:									

收料人:张宇翔　　　　　　　　　　　　　　交料人:岳强

中国建设银行
转账支票存根
10501821
00002275

附加信息 付款行账号:
6671893980

出票日期 2024 年 12 月 24 日
收款人: 南京宏发食品有限公司
金　额: ¥151 300.00
用　途: 付货款及代垫运费

单位主管　　会计

 货物运输服务

电子发票（增值税专用发票）

发票号码：24322000000000070389
开票日期：2024年12月24日

购买方信息	名称：江苏东方糖果有限责任公司 统一社会信用代码/纳税人识别号：913210025463484658	销售方信息	名称：苏州佳禾物流有限公司 统一社会信用代码/纳税人识别号：913205079275163656

项目名称	单位	数量	单价	金额	税率/征收率	税额
*运输服务*运输费	次	1	3000.00	3000.00	9%	270.00
合计				¥3000.00		¥270.00

运输工具种类	运输工具牌号	起运地	到达地	运输货物名称
公路运输	苏B93026	南京市玄武区	扬州市广陵区	白砂糖、葡萄糖

价税合计（大写）	叁仟贰佰柒拾元整	（小写）¥3270.00

备注：

开票人：干建石

运输费用分配表

2024-12-24 单位：元

货物名称	运费分配率	运费分配金额
白砂糖		
葡萄糖		
合计		

审核：蒋敏　　　　　　　　　　　　　　　　编制：李红

业务 48 2024 年 12 月 24 日,取得原始凭证 3 张。

销 售 单

购货单位:扬州利民有限公司
地址和电话:江苏省扬州市广陵区何娜街邱爱路 30 号 0514-43985849
纳税识别号:913210022391760653   单据编号:XS045
开户行及账户:中国建设银行扬州市广陵区支行 41570423633273   制单日期:2024-12-24

编 码	产品名称	规 格	单 位	单 价	数 量	金 额	备 注
GL101	白砂糖		千克	6.78	100	678.00	含税价
合计	人民币(大写):陆佰柒拾捌元整				—	¥678.00	

销售经理:钟国钊   经手人:赵爱东   会计:李红   签收人:魏书

电子发票(增值税专用发票)

发票号码:24322000000000079440
开票日期:2024年12月24日

购买方信息	名称: 扬州利民有限公司		销售方信息	名称: 江苏东方糖果有限责任公司			
	统一社会信用代码/纳税人识别号: 913210022391760653			统一社会信用代码/纳税人识别号: 913210025463484658			
项目名称	规格型号	单位	数量	单价	金额	税率/征收率	税额
*糖果类食品*白砂糖		千克	100	6.00	600.00	13%	78.00
合计					¥600.00		¥78.00
价税合计(大写)	⊗ 陆佰柒拾捌元整				(小写) ¥678.00		
备注							

开票人:何治瑶

收 款 收 据

NO.000822

2024 年 12 月 24 日

今 收 到 扬州利民有限公司

交来：货款

金额（大写） ⊗佰 ⊗拾 ⊗万 ⊗仟 陆佰 柒拾 捌元 零角 零分

¥ 678.00   ☑现金 ☐转账支票 ☐其他

现金收讫

收款单位（盖章）

核准：   会计：   记账：   出纳：何治瑾   经手人：肖肃

业务49 2024年12月29日，取得原始凭证2张。

电子发票（普通发票）

发票号码：24322000000000093276
开票日期：2024年12月29日

购买方信息	名称：常州浩方有限公司 统一社会信用代码/纳税人识别号：913204023158094782				销售方信息	名称：江苏东方糖果有限责任公司 统一社会信用代码/纳税人识别号：913210025463484658		
项目名称	规格型号	单位	数量	单价	金额		税率/征收率	税额
*其他食品*果酸乳汁		打	-100.00	18.00	-1800.00		13%	-234.00
合计					¥-1800.00			¥-234.00
价税合计（大写）	⊗ （负数）贰仟零叁拾肆元整					（小写） ¥-2034.00		
备注	被红冲蓝字全电发票号码：24322000000000089547 红字发票信息确认单编号：35025222121000000000							

开票人：何治瑾

入 库 单

2024 年 12 月 29 日　　　　编号：RK067

产品编号	名　称	规格	计量单位	数量	单位成本	金额	备注
	果酸乳汁		件	100			本月销售本月退货

交库人：刘海洪　　　　　　　　　　　　　　　收货人：张宇翔

业务 50　2024 年 12 月 31 日，取得原始凭证 1 张。

公允价值变动单

2024-12-31　　　　　　　　　　　　　　　　　　　单位：元

证券代码	证券名称	持有数量	账面价值	收盘价	市值	公允价值变动
729618	元祖股份	2 000	60 000.00	32.00	64 000.00	4 000.00
合计			60 000.00		64 000.00	4 000.00

审核：蒋敏　　　　　　　制表：李红

业务 51　2024 年 12 月 31 日，取得原始凭证 3 张。

生产工时明细表

2024-12-31

车间	产品	生产工时（小时）
生产车间	硬糖	5 000
生产车间	奶糖	3 000
生产车间	果酸乳汁	2 000
合计		10 000

制表：李红　　　　　　　审核：蒋敏

工 资 明 细 表

2024-12-31　　　　　　　　　　　　　　　　　　　　　　　　　单位：元

姓名	部门	岗位	应付工资
周洪雷	办公室	法定代表人	8 050
崔　伟	办公室	总经理	7 550
肖丽华	办公室	办公室主任	6 380
华正凡	办公室	办公室职员	4 000
赵志伟	办公室	物资管理员	4 000
张宇翔	办公室	仓管员	4 000
蒋　敏	财务部	账务经理	6 500
李　红	财务部	会计	4 200
张　芳	财务部	出纳	3 400
王群忠	采购部	采购经理	6 000
李　津	采购部	采购员	4 000
钟国钊	销售门市	销售经理	6 580
赵爱东	销售门市	销售员	3 500
吴鹏英	生产车间	生产车间主任	7 000
伊　翔	生产车间	车间核算员	5 000
姜志忠	生产车间	车间核算员	4 300
刘泽军	生产车间	车间工人	4 000
刘建国	生产车间	车间工人	4 600
陈树军	生产车间	车间工人	4 500
安雪梅	生产车间	车间工人	4 800
张长越	生产车间	车间工人	5 400
王杏允	生产车间	车间工人	6 500
张广兴	生产车间	车间工人	6 000
李　杰	生产车间	车间工人	6 500
张　玮	生产车间	车间工人	4 200
赵新莉	生产车间	车间工人	3 400
胡景峰	生产车间	车间工人	4 220
赵兴东	工程部门	其他职员	5 500
杨　静	工程部门	其他职员	3 500
合　计			147 580

工资费用分配表

2024-12-31　　　　　　　　　　　　　　　　　　　　　　　　单位:元

应借账户		直接计入	分配计入			合计
			生产工时(小时)	分配率	分配金额	
管理费用						
销售费用						
制造费用						
生产成本	硬糖					
生产成本	奶糖					
生产成本	果酸乳汁					
在建工程	建筑工程——办公楼A					
合计						

编制:李红　　　　　　　　　　　　审核:蒋敏

业务52　2024年12月31日,取得原始凭证2张。

生产工时明细表

2024-12-31

车间	产品	生产工时(小时)
生产车间	硬糖	5 000
	奶糖	3 000
	果酸乳汁	2 000
合计		10 000

制表:李红　　　　　　　　　　　　审核:蒋敏

四险计算表

2024-12-31　　　　　　　　　　　　　　　　　　　　　　　　单位:元

应借账户		医疗保险	养老保险	失业保险	工伤保险	四险合计
管理费用						
销售费用						
制造费用						
生产成本	硬糖					
	奶糖					
	果酸乳汁					
在建工程	建筑工程——办公楼A					
合计						

制表:李红　　　　　　　　　　审核:蒋敏

业务 53　2024 年 12 月 31 日,取得原始凭证 2 张。

生产工时明细表

2024-12-31

车间	产品	生产工时(小时)
生产车间	硬糖	5 000
	奶糖	3 000
	果酸乳汁	2 000
合计		10 000

制表:李红　　　　　　　　　　审核:蒋敏

住房公积金计算表

2024-12-31　　　　　　　　　　　　　　　　　　　　　　　　单位:元

应借账户		住房公积金
管理费用		
销售费用		
制造费用		
生产成本	硬糖	
生产成本	奶糖	
生产成本	果酸乳汁	
在建工程	建筑工程——办公楼A	
合计		

制表:李红　　　　　　　　　　审核:蒋敏

业务 54 2024 年 12 月 31 日,取得原始凭证 2 张。

生产工时明细表

2024-12-31

车间	产品	生产工时(小时)
生产车间	硬糖	5 000
	奶糖	3 000
	果酸乳汁	2 000
合计		10 000

制表:李红　　　　　　　　审核:蒋敏

职工教育经费计算表

2024-12-31　　　　　　　　　　　　　　单位:元

应借账户		职工教育经费
管理费用		
销售费用		
制造费用		
生产成本	硬糖	
	奶糖	
	果酸乳汁	
在建工程	建筑工程——办公楼 A	
合计		

制表:李红　　　　　　　　审核:蒋敏

业务 55 2024 年 12 月 31 日,取得原始凭证 2 张。

生产工时明细表

2024-12-31

车间	产品	生产工时(小时)
生产车间	硬糖	5 000
	奶糖	3 000
	果酸乳汁	2 000
合计		10 000

制表:李红　　　　　　　　审核:蒋敏

工会经费计算表

2024-12-31　　　　　　　　　　　　　　　　　　　　　　　单位:元

应借账户		工会经费
管理费用		
销售费用		
制造费用		
生产成本	硬糖	
	奶糖	
	果酸乳汁	
在建工程	建筑工程——办公楼A	
合计		

制表:李红　　　　　　　　　　　　　审核:蒋敏

业务56 2024年12月31日,取得原始凭证1张。

固定资产折旧表

2024-12-31　　　　　　　　　　　　　　　　　　　　　　　单位:元

固定资产类别	使用部门	名称	单位	数量	单位成本	原值(元)	投入使用日期	预计使用年限	月折旧率	本月折旧额(元)
房屋及建筑物	办公室	B201	平方米	200	2 000.00	400 000.00	2018-02-01	20		
房屋及建筑物	生产车间	B301	平方米	1 000	600.00	600 000.00	2018-03-01	20		
生产设备	生产车间	S101	条	6	60 000.00	360 000.00	2020-01-01	10		
	小计					653 600.00				
生产设备	生产车间	S102	台	2	120 000.00	240 000.00	2022-02-01	10		
房屋及建筑物	生产车间	B202	平方米	1 000	5 000.00	5 000 000.00	2018-03-01	20		
电子设备	财务部	惠普打印机K104	台	10	5 000.00	50 000.00	2023-02-01	3		
电子设备	财务部	联想电脑D103	台	8	5 000.00	40 000.00	2023-05-01	3		
	小计					6 200 000.00				
工具器具及家具	办公室	格力空调K102	台	4	3 400.00	13 600.00	2021-07-01	5		
电子设备	销售门市	戴尔电脑J101	台	2	4 000.00	8 000.00	2023-06-01	3		
	小计					90 000.00				
运输工具	销售门市	东方汽车C101	辆	2	250 000.00	500 000.00	2021-08-01	4		
运输工具	办公室	大众轿车C102	辆	2	120 000.00	240 000.00	2021-08-01	4		
	小计					508 000.00				
合计						7 451 600.00				

制表:李红　　　　　　　　　　　　　审核:蒋敏

业务 57 2024年12月31日,取得原始凭证1张。

银行借款利息计算单
2024-12-31　　　　　　　　　　　　　　　　　　　　单位:元

借款种类	借款金额	贷款年利率	月利息额	备注
3个月周转借款	600 000.00	6%		2024-10-01借入(合同号:00091)
合计				

制表:　　　　　　　　　　审核:

业务 58 2024年12月31日,取得原始凭证1张。

银行借款利息计算单
2024-12-31　　　　　　　　　　　　　　　　　　　　单位:元

借款种类	借款金额	贷款年利率	月利息额	备注
6个月周转借款	500 000.00	6%		2024-12-02借入(合同号:00093)
合计				

制表:　　　　　　　　　　审核:

业务 59 2024年12月31日,取得原始凭证1张。

坏账准备计算表
2024-12-31　　　　　　　　　　　　　　　　　　　　单位:元

项目	应收款项期末余额	计提比例	坏账准备期初余额	本期确认坏账损失	已确认坏账本期收回	应补提金额	应冲减金额
应收账款坏账准备							
其他应收款坏账准备							
合计							

审核:蒋敏　　　　　　　　编制:李红

业务 60 2024年12月31日,取得原始凭证2张。

发出材料单位成本计算表

2024-12-31　　　　　　　　　　　　　　　　　　　　　金额单位:元

材料名称	单位	期初		本期入库		发出材料单价
		数量(千克)	金额	数量(千克)	金额	
白砂糖						
葡萄糖						
炼乳						
合计						

审核:蒋敏　　　　　　　　　　　　制表:李红

原材料发出汇总表

2024-12-31　　　　　　　　　　　　　　　　　　　　　金额单位:元

领料部门	领料用途	产品	白砂糖		葡萄糖		炼乳		合计
			数量(千克)	金额	数量(千克)	金额	数量(千克)	金额	
销售门市	销售材料领用		100.00						
生产车间	生产产品直接领用	硬糖	15 000		15 000				
生产车间	生产产品直接领用	奶糖	10 000				15 000		
生产车间	生产产品直接领用	果酸乳汁			2 500		3 000		
合计									

审核:蒋敏　　　　　　　　　　　　制表:李红

业务 61 2024 年 12 月 31 日,取得原始凭证 2 张。

周转材料(包装物)发出汇总表

2024-12-31　　　　　　　　　　　　　　　　　　　　　　金额单位:元

领料部门	领料用途	产品	包装袋		塑料瓶		合计
			数量	金额	数量	金额	
销售门市部	销售产品不单独计价	硬糖	825				
生产车间	生产产品直接领用	果酸乳汁			4 000		
销售门市部	销售产品不单独计价	奶糖	2 475				
合计							

制表:李红　　　　　　　　　　　　　　　　审核:蒋敏

发出周转材料单位成本计算表

2024-12-31　　　　　　　　　　　　　　　　　　　　　　单位:元

周转材料名称	单位	期初数量	期初金额	本期入库数量	本期入库金额	单位成本
包装袋	个					
塑料瓶	瓶					
合计						

制表:李红　　　　　　　　　　　　　　　　审核:蒋敏

业务 62 2024 年 12 月 31 日,取得原始凭证 2 张。

发出低值易耗品单位成本计算表

2024-12-31　　　　　　　　　　　　　　　　　　　　　　单位:元

低耗品名称	单位	期初数量	期初金额	本期入库数量	本期入库金额	单位成本
文件柜	个					
合计						

制表:　　　　　　　　　　　　　　　　　　审核:

低值易耗品发料汇总表

2024-12-31　　　　　　　　　　　　　　　　　　　　　　金额单位:元

领用部门	文件柜		领用人	合计
	数量	金额		
财务部	2	400.00	蒋敏	400.00
合计		400.00		400.00

审核:蒋敏　　　　　　　　　　　　　　　　编制:李红

业务63 2024年12月31日,取得原始凭证2张。

产品生产工时明细表

2024-12-31

生产车间	产品	生产工时(小时)
生产车间	硬糖	5 000
生产车间	奶糖	3 000
生产车间	果酸乳汁	5 000
合计		10 000

制表:李红　　　　　　　　审核:蒋敏

制造费用分配表

2024-12-31　　　　　　　　　　　　　　　金额单位:元

生产车间	产品	分配标准(工时)	分配率	分配金额
生产车间	硬糖	5 000		
生产车间	奶糖	3 000		
生产车间	果酸乳汁	2 000		
合计		10 000		

制表:李红　　　　　　　　审核:蒋敏

业务64 2024年12月31日,取得原始凭证2张。

产品产量明细表

2024-12-31

生产部门	产品	月初在产品数量	本月投产产品数量	本月完工产品数量	本月产品入库数量	月末在产品数量	投料率	期末在产品完工率
生产车间	硬糖	2 500	5 250	2 500	2 500	3 250	100%	50%
生产车间	奶糖		4 250	4 250	4 250	0	100%	100%
生产车间	果酸乳汁		4 200	4 200	4 200	0	100%	100%

制表:李红　　　　　　　　审核:蒋敏

产品成本计算表

2024-12-31　　　　　　　　　　　　　　　　　　　　　单位:元

生产车间	产品	项目	月初在产品成本	本月生产费用	生产成本合计	产量			单位成本	完工产品成本	月末在产品成本
						完工产品产量	在产品约当产量	产量合计			
生产车间	硬糖	直接材料									
		直接人工									
		制造费用									
	小计										
生产车间	奶糖	直接材料									
		直接人工									
		制造费用									
	小计										
生产车间	果酸乳汁	直接材料									
		直接人工									
		制造费用									
	小计										
合计											

制表:李红　　　　　　　　　　　　　　　审核:蒋敏

业务65 2024年12月31日,取得原始凭证1张。

无形资产摊销表

2024-12-31　　　　　　　　　　　　　　　　　　　　　单位:元

名称	账面原值	摊销期限(年)	月摊销额	类型	使用部门
专利权Z101	200 000.00	10	1 666.67	专利权	办公室
非专利技术S	100 000.00	10	833.33	非专利技术	办公室
商标权KV	30 000.00	10	250.00	商标权	销售门市
标示B	8 000.00	10	66.67	专利权	办公室
合计	338 000.00		2 816.67		

制表:李红　　　　　　　　　　　　　　　审核:蒋敏

业务 66 2024 年 12 月 31 日,取得原始凭证 1 张。

保险费摊销表

2024-12-31　　　　　　　　　　　　　　　　　　　　　　　单位:元

部门	汽车保险费			合计
	预付保险费总金额	受益期限	摊销金额	
采购部	4 950.00	12		
合计				

制表:　　　　　　　　　　　　　　　　　　　　　　　　　　审核:

业务 67 2024 年 12 月 31 日,取得原始凭证 2 张。

中国建设银行客户专用回单

币别	人民币		2024 年 12 月 31 日		流水号	321020027J0500810090
付款人	全称	江苏红明有限公司		收款人	全称	江苏东方糖果有限责任公司
	账号	41638132408169			账号	6671893980
	开户行	中国建设银行常州市钟楼区支行			开户行	中国建设银行扬州市广陵区支行
金额	(大写)	人民币伍万元整			(小写)	¥50000.00
凭证种类	电汇凭证			凭证号码		
结算方式	电汇			用途	预付款	
			打印柜员:	321025584257		
			打印机构:	中国建设银行扬州市广陵区支行		
			打印卡号:	6671893980		

打印时间:2024-12-31　　交易柜员:321025584268　　交易机构:321010591

购销合同

购方：江苏红明有限公司　　　　　合同编号：20241
销方：江苏东方糖果有限责任公司　　签订地点：扬州市

供、需双方本着互利互惠、长期合作的原则，根据《中华人民共和国民法典》及双方的实际情况，就需方向供方采购事宜，订立本合同，以使双方在合同履行中共同遵守。

一、产品名称、数量、单价、金额：

产品名称	规格型号	计量单位	数量	单价	金额	备注
硬糖		件	1200	45.20	54240.00	含税金额
合计					￥54240.00	

合计人民币（大写）：**伍万肆仟贰佰肆拾元整**

二、质量要求、技术标准、供方对质量负责的条件和期限：按合同企业标准。

三、（1）交（提）货地点、方式：**江苏省扬州市金山路21号**
　　（2）交货日期：**2025-01-15**

四、付款时间与付款方式：购方与销方签订合同后的5个工作日内，购方向销方支付合同不含税金额的104.17%作为预付款。销方按照合同约定交货、安装、调试及试运行，并经购方组织的验收合格后的7个工作日内，购方向销方支付合同的剩余款项。付款方式:电汇

五、运输方式及到站、港和费用负担：

六、合理损耗及计算方法：以实际数量验收。

七、包装标准、包装物的供应与回收：普通包装，不回收包装物。

八、验收标准、方法及提出异议期限：
　　货到需方7天内提出质量异议，不包括运输过程中造成的质量问题。
　　自收到货物的30天内可以提出退货，运费由购货方承担。

九、违约责任：按《中华人民共和国民法典》

十、解决合同纠纷的方式：双方协商解决。

十一、其他约定事项：
　　本合同一式两份，供、需双方各一份，经双方盖章后即生效。

十二、**本合同产品不含税金额48000.00元，税率13%，税额6240.00元，并开具增值税专用发票。**

购方（盖章）：江苏红明有限公司　　　销方（盖章）：江苏东方糖果有限责任公司
单位地址：江苏省常州市钟楼区张天街张艳路90号　　单位地址：江苏省扬州市金山路21号
电　话：0519-21969520　　　　　　　电　话：0514-16001005
签订日期：2024-12-26　　　　　　　　签订日期：2024-12-26
开户银行：中国建设银行常州市钟楼区支行　　开户银行：中国建设银行扬州市广陵区支行
账　号：41638132408169　　　　　　账　号：6671893980

业务68 2024年12月31日,取得原始凭证5张。

销 售 单

购货单位:上海欣欣酒店有限公司
地址和电话:上海市黄浦区孙志街邵晋路85号 021-84947214
纳税识别号:913101016428121951　　　　　　　单据编号:XS4934
开户行及账号:中国建设银行上海市黄浦区支行41921886704913　制单日期:2024-12-31

编码	产品名称	规格	单位	单价	数量	金额	备注
GP102	奶糖		件	63.28	500	31 640.00	含税价
合计	人民币(大写)叁万壹仟陆佰肆拾元整				—	¥31 640.00	

销售经理:钟国钊　　经手人:赵爱东　　会计:李红　　签收人:邱书林

电子发票(增值税专用发票)

发票号码:24322000000000068487
开票日期:2024年12月31日

购买方信息	名称:上海欣欣酒店有限公司		销售方信息	名称:江苏东方糖果有限责任公司	
	统一社会信用代码/纳税人识别号:913101016428121951			统一社会信用代码/纳税人识别号:913210025463484658	

项目名称	规格型号	单位	数量	单价	金额	税率/征收率	税额
*糖果类食品*奶糖		件	500	56.00	28000.00	13%	3640.00
合计					¥28000.00		¥3640.00
价税合计(大写)	⊗ 叁万壹仟陆佰肆拾元整				(小写) ¥31640.00		
备注							

开票人:何治瑾

中国建设银行进账单 (收账通知) 3

2024 年 12 月 31 日

出票人	全称	上海欣欣酒店有限公司	收款人	全称	江苏东方糖果有限责任公司									
	账号	41921886704913		账号	6671893980									
	开户银行	中国建设银行上海市黄浦区支行		开户银行	中国建设银行扬州玉龙路支行	亿	千	百	十万	千	百	十元	角	分
金额	人民币(大写)	叁万壹仟陆佰肆拾元整			中国建设银行扬州市广陵区支行				¥3	1	6	4 0	0	0
票据种类	银行汇票		票据张数	2	2024-12-31									
票据号码	1050184684931181				收讫(01)									
		复核	记账					开户银行签章						

购销合同

购方：上海欣欣酒店有限公司　　　　合同编号：2024281
销方：江苏东方糖果有限责任公司　　签订地点：扬州市

供需双方本着互利互惠、长期合作的原则，根据《中华人民共和国民法典》及双方的实际情况，就需方向供方采购事宜，订立本合同，以使双方在合同履行中共同遵守。

一、产品名称、数量、单价、金额：

产品名称	规格型号	计量单位	数量	单价	金额	备注
奶糖		件	500	63.28	31640.00	含税金额
合计					￥31640.00	

合计人民币（大写）：　叁万壹仟陆佰肆拾元整

二、质量要求、技术标准、供方对质量负责的条件和期限：按合同企业标准。

三、（1）交（提）货地点、方式：江苏省扬州市金山路21号

　　（2）交货日期：2024-12-31

四、付款时间与付款方式：　付款方式：银行汇票

五、运输方式及到站、港和费用负担：　销售方承担

六、合理损耗及计算方法：以实际数量验收。

七、包装标准、包装物的供应与回收：普通包装，不回收包装物。

八、验收标准、方法及提出异议期限：

　　货到需方7天内提出质量异议，不包括运输过程中造成的质量问题。

自收到货物的30天内可以提出退货，运费由购货方承担。

九、违约责任：按《民法典》

十、解决合同纠纷的方式：双方协商解决。

十一、其他约定事项：

本合同一式两份，需、供双方各一份，经双方盖章后即生效。

购方（盖章）：　上海欣欣酒店有限公司　　　购方（盖章）：　江苏东方糖果有限责任公司
单位地址：　上海市黄浦区赵志街王艳路05号　单位地址：　江苏省扬州市金山路21号
电　　话：　021-86557428　　　　　　　　电　　话：　0514-16001005
签订日期：　2024-11-01　　　　　　　　　　签订日期：　2024-11-01
开户银行：　中国建设银行上海市黄浦区支行　开户银行：　中国建设银行扬州市广陵区支行
账　　号：　4192188670491　　　　　　　　账　　号：　6671893980

经理办公会议纪要

企业根据销售及退货情况分析,各产品的退货率为2%。

参加人员： 崔伟 蒋敏 钟国钊

2024年12月31日

业务69 2024年12月31日,取得原始凭证3张。

电子发票(增值税专用发票)

发票号码：24322000000000043180
开票日期：2024年12月30日

	购买方信息		销售方信息	
名称：	江苏东方糖果有限责任公司	名称：	常州鑫勤事务所有限公司	
统一社会信用代码/纳税人识别号：	913210025463484658	统一社会信用代码/纳税人识别号：	913204052296314665	

项目名称	规格型号	单位	数量	单价	金额	税率/征收率	税额
*咨询服务*审计费		次	1	1886.79	1886.79	6%	113.21
合计					¥1886.79		¥113.21

价税合计(大写)： 贰仟元整 （小写）¥2000.00

开票人：陈建平

中国建设银行客户专用回单

币别：人民币　　2024年12月31日　　流水号：321020027J0500810060

付款人	全称	江苏东方糖果有限责任公司	收款人	全称	常州鑫勤事务所有限公司
	账号	6671893980		账号	41382632524678
	开户行	中国建设银行扬州市广陵区支行		开户行	中国建设银行常州市戚墅堰区支行
金额	（大写）人民币贰仟元整			（小写）¥2000.00	
凭证种类	网银		凭证号码		
结算方式	转账		用途	支付审计费	

打印柜员：321025584257
打印机构：中国建设银行扬州市广陵区支行
打印卡号：6671893980

打印时间：2024-12-31　交易柜员：321025584268　交易机构：321010529

业务 70 2024 年 12 月 31 日,取得原始凭证 2 张。

单位产品成本计算单

2024-12-31　　　　　　　　　　　　　　　　　　　　　金额单位:元

产品名称	期初结存		本期入库		单位成本
	数量	金额	数量	金额	
硬糖					
奶糖					
果酸乳汁					
合计					

制表:李红　　　　　　　　　　　审核:蒋敏

销售产品成本结转表

2024-12-31　　　　　　　　　　　　　　　　　　　　　金额单位:元

领用部门	用途	硬糖		奶糖		果酸乳汁		合计
		数量	金额	数量	金额	数量	金额	
销售门市	销售领用	2 500		7 250		14 900		
合计								

制表:李红　　　　　　　　　　　审核:蒋敏

业务 71 2024年12月31日,取得原始凭证1张。

应交增值税计算表

2024-12-31　　　　　　　　　　　　　　　　　　　单位:元

项　　目	金　　额
销项税额	
进项税额	
进项税额转出	
上期留抵税额	
应纳税额	
期末留抵税额	
简易征收办法计算的应纳税额	
应纳税额减征额	
应纳税额合计	

制表:李红　　　　　　　　　　　审核:蒋敏

业务 72 2024年12月31日,取得原始凭证1张。

税金及附加计算表

2024年12月31日　　　　　　　　　　　　　　金额单位:元

税(费)种	增值税	税率(征收率)	本期应纳税费	本期已缴税费	本期应补(退)税费
城市维护建设税(市区)		7%			
教育费附加		3%			
地方教育附加		2%			
合计					

审核:蒋敏　　　　　　　　　　　制表:李红

业务 73 2024 年 12 月 31 日,取得原始凭证 1 张。

合同履约成本结转表

2024-12-31　　　　　　　　　　　　　　　　　　　　单位:元

总账科目	明细科目	借方发生额
合同履约成本	服务成本——包装费——硬糖	
合同履约成本	服务成本——包装费——奶糖	
合计		

制表:　　　　　　　　　　　　审核:

业务 74 2024 年 12 月 31 日,取得原始凭证 1 张。

应交所得税计算表

2024-12-31　　　　　　　　　　　　　　　　　　　　单位:元

项　目	上期已申报金额	本期金额	本年累计金额
营业收入	10 290 517.60		
营业成本	5 474 809.56		
利润总额	2 514 472.80		
加:特定业务计算的应纳税所得额			
减:不征税收入和税基减免应纳税所得额			
固定资产加速折旧(扣除)调减额			
弥补以前年度亏损			
实际利润额	2 514 472.80		
税率	25%		
应纳所得税额	628 618.20		
减:减免所得税额			
实际已预缴所得税额	591 902.32		
特定业务预缴(征)所得税额			
应补(退)所得税额	36 715.88		

制表:李红　　　　　　　　　　审核:蒋敏

业务75 2024年12月31日,取得原始凭证1张。

损益类账户发生额结转表

2024-12-31　　　　　　　　　　　　　　　　　　　　单位:元

科目名称	本期借方发生额	本期贷方发生额
主营业务收入——商品销售收入——硬糖		
主营业务收入——商品销售收入——奶糖		
主营业务收入——商品销售收入——果酸乳汁		
其他业务收入——材料销售收入——白砂糖		
公允价值变动损益——交易性金融资产公允价值变动		
投资收益——出售金融资产收益——出售金融商品收益		
投资收益——交易手续费		
资产处置损益——非流动资产处置损失		
主营业务成本——商品销售成本——硬糖		
主营业务成本——商品销售成本——奶糖		
主营业务成本——商品销售成本——果酸乳汁		
主营业务成本——服务成本——硬糖		
主营业务成本——服务成本——奶糖		
主营业务成本——材料销售成本——白砂糖		
税金及附加——车船税		
税金及附加——城市维护建设税		
税金及附加——教育费附加		
税金及附加——地方教育费附加		
销售费用——工资		
销售费用——无形资产摊销费		
销售费用——折旧费		
销售费用——职工教育经费		
销售费用——广告宣传费		
销售费用——工会经费		
销售费用——社会保险费		
销售费用——住房公积金		
管理费用——招聘费		
管理费用——职工福利费		
管理费用——工资		
管理费用——低值易耗品摊销		
管理费用——无形资产摊销费		
管理费用——聘请中介机构费		
管理费用——职工教育经费		
管理费用——差旅费		
管理费用——工会经费		
管理费用——折旧费		
管理费用——汽车费用		
管理费用——业务招待费		
管理费用——社会保险费		
管理费用——住房公职金		
财务费用——利息支出		
财务费用——工本及手续费		
信用减值损失——坏账损失		
营业外支出——捐赠支出		
营业外支出——罚款支出		
所得税费用——当期所得税费用		
合计		

编制:　　　　　　　审核:

业务 76 完成报表及税表的填制。

资 产 负 债 表

编制单位：

资产	行次	期末余额	负债和所有者权益（或股东权益）	行次	期末余额
流动资产：			流动负债：		
货币资金	1		短期借款	35	
交易性金融资产	2		交易性金融负债	36	
衍生金融资产	3		衍生金融负债	37	
应收票据	4		应付票据	38	
应收账款	5		应付账款	39	
应收款项融资	6		预收款项	40	
预付款项	7		合同负债	41	
其他应收款	8		应付职工薪酬	42	
存货	9		应交税费	43	
合同资产	10		其他应付款	44	
持有待售资产	11		持有待售负债	45	
一年内到期的非流动资产	12		一年内到期的非流动负债	46	
其他流动资产	13		其他流动负债	47	
流动资产合计	14		流动负债合计	48	
非流动资产：			非流动负债：		
债权投资	15		长期借款	49	
其他债权投资	16		应付债券	50	
长期应收款	17		其中：优先股	51	
长期股权投资	18		永续债	52	
其他权益工具投资	19		租赁负债	53	
其他非流动金融资产	20		长期应付款	54	
投资性房地产	21		预计负债	55	
固定资产	22		递延收益	56	
在建工程	23		递延所得税负债	57	
生产性生物资产	24		其他非流动负债	58	
油气资产	25		非流动负债合计	59	
使用权资产	26		负债合计	60	
无形资产	27		所有者权益(或股东权益)：		
开发支出	28		实收资本(或股本)	61	
商誉	29		其他权益工具	62	
长期待摊费用	30		其中：优先股	63	
递延所得税资产	31		永续债	64	
其他非流动资产	32		资本公积	65	
非流动资产合计	33		减：库存股	66	
			其他综合收益	67	
			专项储备	68	
			盈余公积	69	
			未分配利润	70	
			所有者权益（或股东权益)合计	71	
资产总计	34		负债和所有者权益（或股东权益）总计	72	

利 润 表

编制单位：

项　　目	行次	本期金额
一、营业收入	1	
减：营业成本	2	
税金及附加	3	
销售费用	4	
管理费用	5	
研发费用	6	
财务费用(收益以"－"号填列)	7	
其中：利息费用	8	
利息收入	9	
加：其他收益	10	
投资收益(损失以"－"号填列)	11	
其中：对联营企业和合营企业的投资收益	12	
以摊余成本计量的金融资产终止确认收益(损失以"－"号填列)	13	
净敞口套期收益(损失以"－"号填列)	14	
公允价值变动收益(损失以"－"号填列)	15	
信用减值损失	16	
资产减值损失	17	
资产处置收益(损失以"－"号填列)	18	
二、营业利润(亏损以"－"号填列)	19	
加：营业外收入	20	
减：营业外支出	21	
三、利润总额(亏损总额以"－"号填列)	22	
减：所得税费用	23	
四、净利润(净亏损以"－"号填列)	24	
（一）持续经营净利润(净亏损以"－"号填列)	25	
（二）终止经营净利润(净亏损以"－"号填列)	26	
五、其他综合收益的税后净额	27	
（一）不能重分类进损益的其他综合收益	28	
1. 重新计量设定受益计划变动额	29	
2. 权益法下不能转损益的其他综合收益	30	
3. 其他权益工具投资公允价值变动	31	
4. 企业自身信用风险公允价值变动	32	
……	33	
（二）将重分类进损益的其他综合收益	34	
1. 权益法下可转损益的其他综合收益	35	
2. 其他债权投资公允价值变动	36	
3. 金融资产重分类计入其他综合收益的金额	37	
4. 其他债权投资信用减值准备	38	
5. 现金流量套期储备	39	
6. 外币财务报表折算差额	40	
……	41	
六、综合收益总额	42	
七、每股收益：	43	
（一）基本每股收益	44	
（二）稀释每股收益	45	

增值税及附加税费申报表

（一般纳税人适用）

税款所属时间：自 年 月 日至 年 月 日　　填表日期： 年 月 日　　金额单位：元（列至角分）

纳税人识别号（统一社会信用代码）：□□□□□□□□□□□□□□□□□□

纳税人名称：			登记注册类型		注册地址		生产经营地址	
开户银行及账号			法定代表人姓名				电话号码	
					所属行业：			

	项　目	栏次	一般项目		即征即退项目	
			本月数	本年累计	本月数	本年累计
销售额	（一）按适用税率计税销售额	1				
	其中：应税货物销售额	2				
	应税劳务销售额	3				
	纳税检查调整的销售额	4				
	（二）按简易办法计税销售额	5				
	其中：纳税检查调整的销售额	6				
	（三）免、抵、退办法出口销售额	7		—		—
	（四）免税销售额	8			—	—
	其中：免税货物销售额	9			—	—
	免税劳务销售额	10			—	—

江苏东方糖果有限责任公司业务凭证

(续表)

项　　目		栏次	一般项目		即征即退项目	
			本月数	本年累计	本月数	本年累计
税款计算	销项税额	11				
	进项税额	12				
	上期留抵税额	13				
	进项税额转出	14				
	免、抵、退应退税额	15		—		—
	按适用税率计算的纳税检查应补缴税额	16				—
	应抵扣税额合计	17＝12＋13－14－15＋16				
	实际抵扣税额	18（如17＜11，则为17，否则为11）				
	应纳税额	19＝11－18				
	期末留抵税额	20＝17－18				
	简易计税办法计算的应纳税额	21				
	按简易计税办法计算的纳税检查应补缴税额	22				—
	应纳税额减征额	23				
	应纳税额合计	24＝19＋21－23				
税款缴纳	期初未缴税额（多缴为负数）	25				—
	实收出口开具专用缴款书退税额	26				—
	本期已缴税额	27＝28＋29＋30＋31				
	①分次预缴税额	28				—
	②出口开具专用缴款书预缴税额	29				—

(续表)

项　目	栏次	一般项目		即征即退项目	
		本月数	本年累计	本月数	本年累计
③本期缴纳上期应纳税额	30				
④本期缴纳欠缴税额	31				
期末未缴税额（多缴为负数）	32=24+25+26-27				
其中：欠缴税额（≥0）	33=25+26-27		—		—
本期应补（退）税额	34=24-28-29		—		—
即征即退实际退税额	35				
期初未缴查补税额	36		—		—
本期入库查补税额	37		—		—
期末未缴查补税额	38=16+22+36-37		—		—
附加税费 城市维护建设税本期应补（退）税额	39				
教育费附加本期应补（退）费额	40				
地方教育附加本期应补（退）费额	41				

声明：此表是根据国家税收法律法规及相关规定填写的，本人（单位）对填报内容（及附带资料）的真实性、可靠性、完整性负责。

纳税人（签章）：

年　月　日

经办人：
经办人身份证号：
代理机构签章：
代理机构统一社会信用代码：

受理人：

受理税务机关（章）：　　受理日期：　年　月　日

增值税及附加税费申报表附列资料(一)

(本期销售情况明细)

税款所属时间: 年 月 日 至 年 月 日

纳税人名称:(公章)

金额单位:元(列至角分)

项目及栏次			开具增值税专用发票		开具其他发票		未开具发票		纳税检查调整		合计		价税合计 11=9+10	服务、不动产和无形资产扣除项目本期实际扣除金额 12	扣除后	
			销售额 1	销项(应纳)税额 2	销售额 3	销项(应纳)税额 4	销售额 5	销项(应纳)税额 6	销售额 7	销项(应纳)税额 8	销售额 9=1+3+5+7	销项(应纳)税额 10=2+4+6+8			含税(免税)销售额 13=11-12	销项(应纳)税额 14=13÷(100%+税率或征收率)×税率或征收率
一、一般计税方法计税	全部征税项目	13%税率的货物及加工修理修配劳务	1														
		13%税率的服务、不动产和无形资产	2														
		9%税率的货物及加工修理修配劳务	3														
		9%税率的服务、不动产和无形资产	4														
		6%税率	5														
	其中:即征即退项目	即征即退货物及加工修理修配劳务	6	—	—	—	—	—	—	—	—	—	—	—	—	—
		即征即退服务、不动产和无形资产	7	—	—	—	—	—	—	—	—	—	—	—	—	—
二、简易计税方法计税	全部征税项目	6%征收率	8												—	—
		5%征收率的货物及加工修理修配劳务	9a														
		5%征收率的服务、不动产和无形资产	9b														
		4%征收率	10											—	—	—
		3%征收率的货物及加工修理修配劳务	11											—	—	—
		3%征收率的服务、不动产和无形资产	12														
		预征率 %	13a														
		预征率 %	13b														
		预征率 %	13c														
	其中:即征即退项目	即征即退货物及加工修理修配劳务	14	—	—	—	—	—	—	—	—	—	—	—	—	—
		即征即退服务、不动产和无形资产	15	—	—	—	—	—	—	—	—	—	—	—	—	—
三、免抵退税		货物及加工修理修配劳务	16											—	—	—
		服务、不动产和无形资产	17														
四、免税		货物及加工修理修配劳务	18											—	—	—
		服务、不动产和无形资产	19														

增值税及附加税费申报表附列资料(二)

(本期进项税额明细)

税款所属时间: 　年　月　日至　年　月　日

纳税人名称:(公章)　　　　　　　　　　　　　　　金额单位:元(列至角分)

一、申报抵扣的进项税额				
项目	栏次	份数	金额	税额
(一)认证相符的增值税专用发票	1=2+3			
其中:本期认证相符且本期申报抵扣	2			
前期认证相符且本期申报抵扣	3			
(二)其他扣税凭证	4=5+6+7+8a+8b			
其中:海关进口增值税专用缴款书	5			
农产品收购发票或者销售发票	6			
代扣代缴税收缴款凭证	7			—
加计扣除农产品进项税额	8a	—	—	
其他	8b			
(三)本期用于购建不动产的扣税凭证	9			
(四)本期用于抵扣的旅客运输服务扣税凭证	10			
(五)外贸企业进项税额抵扣证明	11	—	—	
当期申报抵扣进项税额合计	12=1+4+11			

二、进项税额转出额		
项目	栏次	税额
本期进项税额转出额	13=14至23之和	
其中:免税项目用	14	
集体福利、个人消费	15	
非正常损失	16	
简易计税方法征税项目用	17	
免抵退税办法不得抵扣的进项税额	18	
纳税检查调减进项税额	19	
红字专用发票信息表注明的进项税额	20	
上期留抵税额抵减欠税	21	
上期留抵税额退税	22	
异常凭证转出进项税额	23a	
其他应作进项税额转出的情形	23b	

(续表)

三、待抵扣进项税额				
项目	栏次	份数	金额	税额
(一)认证相符的增值税专用发票	24	—	—	
期初已认证相符但未申报抵扣	25			
本期认证相符且本期未申报抵扣	26			
期末已认证相符但未申报抵扣	27			
其中:按照税法规定不允许抵扣	28			
(二)其他扣税凭证	29=30至33之和			
其中:海关进口增值税专用缴款书	30			
农产品收购发票或者销售发票	31			
代扣代缴税收缴款凭证	32		—	
其他	33			
	34			

四、其他				
项目	栏次	份数	金额	税额
本期认证相符的增值税专用发票	35			
代扣代缴税额	36		—	—

增值税及附加税费申报表附列资料(三)
(服务、不动产和无形资产扣除项目明细)

税款所属时间: 年 月 日至 年 月 日

纳税人名称:(公章) 金额单位:元(列至角分)

项目及栏次		本期服务、不动产和无形资产价税合计额(免税销售额)	服务、不动产和无形资产扣除项目				
			期初余额	本期发生额	本期应扣除金额	本期实际扣除金额	期末余额
		1	2	3	4=2+3	5(5≤1且5≤4)	6=4−5
13%税率的项目	1						
9%税率的项目	2						
6%税率的项目(不含金融商品转让)	3						
6%税率的金融商品转让项目	4						
5%征收率的项目	5						
3%征收率的项目	6						
免抵退税的项目	7						
免税的项目	8						

增值税及附加税费申报表附列资料(四)
(税额抵减情况表)

税款所属时间: 年 月 日至 年 月 日

纳税人名称:(公章)　　　　　　　　　　　　　　　　　　　　金额单位:元(列至角分)

一、税额抵减情况						
序号	抵减项目	期初余额	本期发生额	本期应抵减税额	本期实际抵减税额	期末余额
		1	2	3=1+2	4≤3	5=3-4
1	增值税税控系统专用设备费及技术维护费					
2	分支机构预征缴纳税款					
3	建筑服务预征缴纳税款					
4	销售不动产预征缴纳税款					
5	出租不动产预征缴纳税款					

二、加计抵减情况							
序号	加计抵减项目	期初余额	本期发生额	本期调减额	本期可抵减额	本期实际抵减额	期末余额
		1	2	3	4=1+2-3	5	6=4-5
6	一般项目加计抵减额计算						
7	即征即退项目加计抵减额计算						
8	合计						

增值税及附加税费申报表附列资料(五)
(附加税费情况表)

税(费)款所属时间: 年 月 日至 年 月 日

纳税人名称:(公章)　　　　　　　　　　　　　　　　　　　　金额单位:元(列至角分)

税(费)种		计税(费)依据			税(费)率(%)	本期应纳税(费)额	本期减免税(费)额		试点建设培育产教融合型企业		本期已缴税(费)额	本期应补(退)税(费)额
		增值税税额	增值税免抵税额	留抵退税本期扣除额			减免性质代码	减免税(费)额	减免性质代码	本期抵免金额		
		1	2	3	4	5=(1+2-3)×4	6	7	8	9	10	11=5-7-9-10
城市维护建设税	1										—	—
教育费附加	2											
地方教育附加	3											
合计	4	—	—	—	—		—		—			
本期是否适用试点建设培育产教融合型企业抵免政策		□是 □否	当期新增投资额						5			
			上期留抵可抵免金额						6			
			结转下可抵免金额						7			
可用于扣除的增值税留抵退税额使用情况			当期新增可用于扣除的留抵退税额						8			
			上期结存可用于扣除的留抵退税额						9			
			结转下期可用于扣除的留抵退税额						10			

增值税减免税申报明细表

税款所属时间：自　年　月　日至　年　月　日

纳税人名称（公章）：　　　　　　　　　　　　　　　　　　　　　　　　金额单位：元（列至角分）

一、减税项目						
减税性质代码及名称	栏次	期初余额	本期发生额	本期应抵减税额	本期实际抵减税额	期末余额
		1	2	3＝1＋2	4≤3	5＝3－4
合计	1					
	2					
	3					
	4					
	5					
	6					

二、免税项目						
免税性质代码及名称	栏次	免征增值税项目销售额	免税销售额扣除项目本期实际扣除金额	扣除后免税销售额	免税销售额对应的进项税额	免税额
		1	2	3＝1－2	4	5
合　计	7					
出口免税	8		—	—	—	
其中：跨境服务	9		—	—	—	
	10				—	
	11				—	
	12				—	
	13				—	
	14				—	
	15				—	
	16					

A200000 中华人民共和国企业所得税月(季)度预缴纳税申报表(A类)

税款所属期间: 年 月 日至 年 月 日

纳税人识别号(统一社会信用代码):□□□□□□□□□□□□□□□□□□

纳税人名称: 金额单位:人民币元(列至角分)

优 惠 及 附 报 事 项 有 关 信 息									
项目		一季度		二季度		三季度		四季度	季度平均值
		季初	季末	季初	季末	季初	季末	季初	季末	
从业人数										
资产总额(万元)										
国家限制或禁止行业		□是□否				小型微利企业				□是□否
附 报 事 项 名 称										金额或选项
事项1		(填写特定事项名称)								
事项2		(填写特定事项名称)								

	预 缴 税 款 计 算	本年累计
1	营业收入	
2	营业成本	
3	利润总额	
4	加:特定业务计算的应纳税所得额	
5	减:不征税收入	
6	减:资产加速折旧、摊销(扣除)调减额(填写A201020)	
7	减:免税收入、减计收入、加计扣除(7.1+7.2+…)	
7.1	(填写优惠事项名称)	
7.2	(填写优惠事项名称)	
8	减:所得减免(8.1+8.2+…)	
8.1	(填写优惠事项名称)	
8.2	(填写优惠事项名称)	
9	减:弥补以前年度亏损	
10	实际利润额(3+4−5−6−7−8−9)\按照上一纳税年度应纳税所得额平均额确定的应纳税所得额	
11	税率(25%)	
12	应纳所得税额(10×11)	
13	减:减免所得税额(13.1+13.2+…)	
13.1	(填写优惠事项名称)	
13.2	(填写优惠事项名称)	
14	减:本年实际已缴纳所得税额	
15	减:特定业务预缴(征)所得税额	
16	本期应补(退)所得税额(12−13−14−15)\税务机关确定的本期应纳所得税额	

(续表)

		预 缴 税 款 计 算	本年累计
汇总纳税企业总分机构税款计算			
17	总机构	总机构本期分摊应补(退)所得税额(18+19+20)	
18		其中:总机构分摊应补(退)所得税额(16×总机构分摊比例%)	
19		财政集中分配应补(退)所得税额(16×财政集中分配比例%)	
20		总机构具有主体生产经营职能的部门分摊所得税额(16×全部分支机构分摊比例	
		___%×总机构具有主体生产经营职能部门分摊比例%)	
21	分支机构	分支机构本期分摊比例	
22		分支机构本期分摊应补(退)所得税额	
实际缴纳企业所得税计算			
23		减:民族自治地区企业所得税地方分享部分:□ 免征 □ 减征:减征幅度 %	本年累计应减免金额[(12-13-15)×40%×减征幅度]
24		实际应补(退)所得税额	

谨声明:本纳税申报表是根据国家税收法律法规及相关规定填报的,是真实的、可靠的、完整的。

纳税人(签章): 年 月 日

经办人:		受理人:		
经办人身份证号:	代理机构签章:	受理税务机关(章):	受理日期:	年 月 日
代理机构统一社会信用代码:				

A100000 中华人民共和国企业所得税年度纳税申报表(A类)

行次	类别	项 目	金 额
1	利润总额计算	一、营业收入(填写 A101010\101020\103000)	
2		减:营业成本(填写 A102010\102020\103000)	
3		减:税金及附加	
4		减:销售费用(填写 A104000)	
5		减:管理费用(填写 A104000)	
6		减:财务费用(填写 A104000)	
7		减:资产减值损失	
8		加:公允价值变动收益	
9		加:投资收益	
10		二、营业利润(1-2-3-4-5-6-7+8+9)	
11		加:营业外收入(填写 A101010\101020\103000)	

(续表)

行次	类别	项　　目	金　　额
12	应纳税所得额计算	减:营业外支出(填写 A102010\102020\103000)	
13		三、利润总额(10＋11－12)	
14		减:境外所得(填写 A108010)	
15		加:纳税调整增加额(填写 A105000)	
16		减:纳税调整减少额(填写 A105000)	
17		减:免税、减计收入及加计扣除(填写 A107010)	
18		加:境外应税所得抵减境内亏损(填写 A108000)	
19		四、纳税调整后所得(13－14＋15－16－17＋18)	
20		减:所得减免(填写 A107020)	
21		减:弥补以前年度亏损(填写 A106000)	
22		减:抵扣应纳税所得额(填写 A107030)	
23		五、应纳税所得额(19－20－21－22)	
24	应纳税额计算	税率(25％)	
25		六、应纳所得税额(23×24)	
26		减:减免所得税额(填写 A107040)	
27		减:抵免所得税额(填写 A107050)	
28		七、应纳税额(25－26－27)	
29		加:境外所得应纳所得税额(填写 A108000)	
30		减:境外所得抵免所得税额(填写 A108000)	
31		八、实际应纳所得税额(28＋29－30)	
32		减:本年累计实际已缴纳的所得税额	
33		九、本年应补(退)所得税额(31－32)	
34		其中:总机构分摊本年应补(退)所得税额(填写 A109000)	
35		财政集中分配本年应补(退)所得税额(填写 A109000)	
36		总机构主体生产经营部门分摊本年应补(退)所得税额(填写 A109000)	

A101010 一般企业收入明细表

行次	项目	金额
1	一、营业收入(2＋9)	
2	（一）主营业务收入(3＋5＋6＋7＋8)	
3	1.销售商品收入	
4	其中:非货币性资产交换收入	
5	2.提供劳务收入	
6	3.建造合同收入	
7	4.让渡资产使用权收入	
8	5.其他	
9	（二）其他业务收入(10＋12＋13＋14＋15)	
10	1.销售材料收入	
11	其中:非货币性资产交换收入	
12	2.出租固定资产收入	
13	3.出租无形资产收入	
14	4.出租包装物和商品收入	
15	5.其他	
16	二、营业外收入(17＋18＋19＋20＋21＋22＋23＋24＋25＋26)	
17	（一）非流动资产处置利得	
18	（二）非货币性资产交换利得	
19	（三）债务重组利得	
20	（四）政府补助利得	
21	（五）盘盈利得	
22	（六）捐赠利得	
23	（七）罚没利得	
24	（八）确实无法偿付的应付款项	
25	（九）汇兑收益	
26	（十）其他	

A102010 一般企业成本支出明细表

行次	项目	金额
1	一、营业成本(2+9)	
2	（一）主营业务成本(3+5+6+7+8)	
3	1.销售商品成本	
4	其中:非货币性资产交换成本	
5	2.提供劳务成本	
6	3.建造合同成本	
7	4.让渡资产使用权成本	
8	5.其他	
9	（二）其他业务成本(10+12+13+14+15)	
10	1.销售材料成本	
11	其中:非货币性资产交换成本	
12	2.出租固定资产成本	
13	3.出租无形资产成本	
14	4.包装物出租成本	
15	5.其他	
16	二、营业外支出(17+18+19+20+21+22+23+24+25+26)	
17	（一）非流动资产处置损失	
18	（二）非货币性资产交换损失	
19	（三）债务重组损失	
20	（四）非常损失	
21	（五）捐赠支出	
22	（六）赞助支出	
23	（七）罚没支出	
24	（八）坏账损失	
25	（九）无法收回的债券股权投资损失	
26	（十）其他	

A104000 期间费用明细表

行次	项目	销售费用	其中：境外支付	管理费用	其中：境外支付	财务费用	其中：境外支付
		1	2	3	4	5	6
1	一、职工薪酬		※		※	※	※
2	二、劳务费					※	※
3	三、咨询顾问费					※	※
4	四、业务招待费		※		※	※	※
5	五、广告费和业务宣传费		※		※	※	※
6	六、佣金和手续费						
7	七、资产折旧摊销费		※		※	※	※
8	八、财产损耗、盘亏及毁损损失				※	※	※
9	九、办公费		※		※	※	※
10	十、董事会费		※		※	※	※
11	十一、租赁费					※	※
12	十二、诉讼费		※		※	※	※
13	十三、差旅费		※		※	※	※
14	十四、保险费		※		※	※	※
15	十五、运输、仓储费					※	※
16	十六、修理费					※	※
17	十七、包装费		※		※	※	※
18	十八、技术转让费					※	※
19	十九、研究费用					※	※
20	二十、各项税费		※		※	※	※
21	二十一、利息收支	※	※	※	※		
22	二十二、汇兑差额	※	※	※	※		
23	二十三、现金折扣	※	※	※	※		※
24	二十四、党组织工作经费	※	※		※	※	※
25	二十五、其他						
26	合计(1+2+3+…25)						

A105030 投资收益纳税调整明细表

行次	项目	持有收益			处置收益						
		账载金额	税收金额	纳税调整金额	会计确认的处置收入	税收计算的处置收入	处置投资的账面价值	处置投资的计税基础	会计确认的处置所得或损失	税收计算的处置所得	纳税调整金额	纳税调整金额
		1	2	3(2-1)	4	5	6	7	8(4-6)	9(5-7)	10(9-8)	11(3+10)
1	一、交易性金融资产											
2	二、可供出售金融资产											
3	三、持有至到期投资											
4	四、衍生工具											
5	五、交易性金融负债											
6	六、长期股权投资											
7	七、短期投资											
8	八、长期债券投资											
9	九、其他											
10	合计(1+2+…+8+9)											

A105000 纳税调整项目明细表

行次	项目	账载金额 1.00	税收金额 2.00	调增金额 3.00	调减金额 4.00
1	一、收入类调整项目(2+3+…8+10+11)	*	*		
2	（一）视同销售收入(填写 A105010)	*			*
3	（二）未按权责发生制原则确认的收入(填写 A105020)				
4	（三）投资收益(填写 A105030)				
5	（四）按权益法核算长期股权投资对初始投资成本调整确认收益	*	*	*	
6	（五）交易性金融资产初始投资调整	*	*		*
7	（六）公允价值变动净损益		*		
8	（七）不征税收入	*	*		
9	其中:专项用途财政性资金(填写 A105040)	*	*		
10	（八）销售折扣、折让和退回				
11	（九）其他				
12	二、扣除类调整项目(13+14+…24+26+27+28+29+30)	*	*		
13	（一）视同销售成本(填写 A105010)	*		*	
14	（二）职工薪酬(填写 A105050)				
15	（三）业务招待费支出	*			*
16	（四）广告费和业务宣传费支出(填写 A105060)	*	*		
17	（五）捐赠支出(填写 A105070)				
18	（六）利息支出				
19	（七）罚金、罚款和被没收财物的损失		*		*
20	（八）税收滞纳金、加收利息		*		
21	（九）赞助支出		*		*
22	（十）与未实现融资收益相关在当期确认的财务费用				
23	（十一）佣金和手续费支出				*
24	（十二）不征税收入用于支出所形成的费用	*	*		*
25	其中:专项用途财政性资金用于支出所形成的费用(填写 A105040)	*	*		*
26	（十三）跨期扣除项目				

(续表)

行次	项目	账载金额	税收金额	调增金额	调减金额
		1.00	2.00	3.00	4.00
27	（十四）与取得收入无关的支出		＊		＊
28	（十五）境外所得分摊的共同支出	＊	＊		＊
29	（十六）党组织工作经费				
30	（十七）其他				
31	三、资产类调整项目（32＋33＋34＋35）	＊	＊		
32	（一）资产折旧、摊销（填写A105080）				
33	（二）资产减值准备金		＊		
34	（三）资产损失（填写A105090）				
35	（四）其他				
36	四、特殊事项调整项目（37＋38＋…＋42）	＊	＊		
37	（一）企业重组及递延纳税事项（填写A105100）				
38	（二）政策性搬迁（填写A105110）	＊	＊		
39	（三）特殊行业准备金（填写A105120）				
39.1	1. 保险公司保险保障基金				
39.2	2. 保险公司准备金				
39.3	其中：已发生未报案未决赔款准备金				
39.4	3. 证券行业准备金				
39.5	4. 期货行业准备金				
39.6	5. 中小企业融资（信用）担保机构准备金				
39.7	6. 金融企业、小额贷款公司准备金（填写A105120）				
40	（四）房地产开发企业特定业务计算的纳税调整额（填写A105010）	＊			
41	（五）合伙企业法人合伙人应分得的应纳税所得额				
42	（六）发行永续债利息支出				
43	（七）其他	＊	＊		
43	五、特别纳税调整应税所得	＊	＊		
44	六、其他	＊	＊		
45	合计（1＋12＋31＋36＋43＋44）	＊	＊		

A105050 职工薪酬支出及纳税调整明细表

行次	项目	账载金额	实际发生额	税收规定扣除率	以前年度累计结转扣除额	税收金额	纳税调整金额	累计结转以后年度扣除额
		1	2	3	4	5	6(1−5)	7(2+4−5)
1	一、工资薪金支出			*	*			*
2	其中：股权激励			*				*
3	二、职工福利费支出			14%	*			*
4	三、职工教育经费支出			*				
5	其中：按税收规定比例扣除的职工教育经费			8%	0			
6	按税收规定全额扣除的职工培训费用				*			
7	四、工会经费支出			2%	*			*
8	五、各类基本社会保障性缴款			*	*			*
9	六、住房公积金			*	*			*
10	七、补充养老保险				*			*
11	八、补充医疗保险				*			*
12	九、其他				*			*
13	合计(1+3+4+7+8+9+10+11+12)			*				

A105060 广告费和业务宣传费跨年度纳税调整明细表

行次	项目	金额
1	一、本年广告费和业务宣传费支出	
2	减：不允许扣除的广告费和业务宣传费支出	
3	二、本年符合条件的广告费和业务宣传费支出(1−2)	
4	三、本年计算广告费和业务宣传费扣除限额的销售(营业)收入	
5	乘：税收规定扣除率	
6	四、本企业计算的广告费和业务宣传费扣除限额(4×5)	
7	五、本年结转以后年度扣除额(3＞6,本行＝3−6;3≤6,本行＝0)	
8	加：以前年度累计结转扣除额	
9	减：本年扣除的以前年度结转额[3＞6,本行＝0;3≤6,本行＝8与(6−3)孰小值]	
10	六、按照分摊协议归集至其他关联方的广告费和业务宣传费(10≤3与6孰小值)	
11	按照分摊协议从其他关联方归集至本企业的广告费和业务宣传费	
12	七、本年广告费和业务宣传费支出纳税调整金额 (3＞6,本行＝2+3−6+10−11;3≤6,本行＝2+10−11−9)	
13	八、累计结转以后年度扣除额(7+8−9)	

A105070 捐赠支出及纳税调整明细表

行次	项目	账载金额	以前年度结转可扣除的捐赠额	按税收规定计算的扣除限额	税收金额	纳税调增金额	纳税调减金额	可结转以后年度扣除的捐赠额
		1	2	3	4	5	6	7
1	一、非公益性捐赠		*	*	*		*	*
2	二、限额扣除的公益性捐赠（3+4+5+6）			*	*	*	*	*
3	前三年度（2019年）	*		*	*	*		*
4	前二年度（2020年）	*		*	*	*		
5	前一年度（2021年）	*		*	*	*		
6	本　年（2022年）		*	*		*	*	*
7	三、全额扣除的公益性捐赠		*	*		*	*	*
8	1.支持新型冠状病毒感染的肺炎疫情防控捐赠（通过公益性社会组织或国家机关捐赠）		*	*		*	*	*
9	2.		*			*	*	*
10	3.		*			*	*	*
11	合计（1+2+7）							
附列资料	2015年度至本年年发生的公益性扶贫捐赠合计金额							

A105080 资产折旧、摊销及纳税调整明细表

行次	项目	账载金额			税收金额				纳税调整金额
		资产原值	本年折旧、摊销额	累计折旧、摊销额	资产计税基础	税收折旧、摊销额	享受加速折旧政策的资产按税收一般规定计算的折旧、摊销额	加速折旧、摊销统计额	累计折旧、摊销额	
		1	2	3	4	5	6	7(5−6)	8	9(2−5)
1	一、固定资产(2+3+4+5+6+7)									
2	（一）房屋、建筑物						*	*		
3	（二）飞机、火车、轮船、机器、机械和其他生产设备						*	*		
4	（三）与生产经营活动有关的器具、工具、家具等						*	*		
5	（四）飞机、火车、轮船以外的运输工具						*	*		
6	（五）电子设备						*	*		
7	（六）其他						*	*		
8	其中：享受固定资产加速折旧及一次性扣除政策的资产加速折旧额大于一般折旧额的部分 （一）重要行业固定资产加速折旧（不含一次性扣除）									*
9	（二）其他行业研发设备加速折旧									*
10	（三）特定地区企业固定资产加速折旧(10.1+10.2)									*
10.1	1.海南自由贸易港企业固定资产加速折旧									*
10.2	2.横琴粤澳深度合作区企业固定资产加速折旧									*
11	（四）500万元以下设备器具一次性扣除(11.1+11.2)									*
11.1	1.高新技术企业2022年第四季度（10月—12月）购置单价500万元以下设备器具一次性扣除									*
11.2	2.购置单价500万元以下设备器具一次性扣除（不包含高新技术企业2022年第四季度购置）									*
12	（五）500万元以上设备器具一次性扣除(12.1+12.2+12.3+12.4)									*

（续表）

行次	项目	账载金额			税收金额				纳税调整金额
		资产原值 1	本年折旧、摊销额 2	累计折旧、摊销额 3	资产计税基础 4	税收折旧、摊销额 5	享受加速折旧政策的资产按税收一般规定计算的折旧、摊销额 6	加速折旧、摊销统计额 7(5-6)	累计折旧、摊销额 8	9(2-5)
12.1	1. 最低折旧年限为 3 年的设备器具一次性扣除						*			*
12.2	2. 最低折旧年限为 4、5 年的设备器具 50%部分一次性扣除						*			*
12.3	3. 最低折旧年限为 10 年的设备器具 50%部分一次性扣除						*			*
12.4	4. 高新技术企业 2022 年第四季度（10 月—12 月）购置单价 500 万元以上设备器具一次性扣除						*			*
13	（六）特定地区企业固定资产一次性扣除(13.1+13.2)						*			*
13.1	1. 海南自由贸易港企业固定资产一次性扣除						*			*
13.2	2. 横琴粤澳深度合作区企业固定资产一次性扣除						*			*
14	（七）技术进步、更新换代固定资产加速折旧									*
15	（八）常年强震动、高腐蚀固定资产加速折旧									*
16	（九）外购软件加速折旧						*			*
17	（十）集成电路企业生产设备加速折旧						*			*
18	二、生产性生物资产(19+20)									*
19	（一）林木类									*
20	（二）畜类									*
21	三、无形资产(22+23+24+25+26+27+28+29)									*

(续表)

行次	项目	账载金额 资产原值	账载金额 本年折旧、摊销额	账载金额 累计折旧、摊销额	资产计税基础	税收金额 税收折旧、摊销额	税收金额 享受加速折旧政策的资产按税收一般规定计算的折旧、摊销额	加速折旧、摊销统计额	累计折旧、摊销额	纳税调整金额
		1	2	3	4	5	6	7(5−6)	8	9(2−5)
22	（一）专利权						*	*		
23	（二）商标权						*	*		
24	（三）著作权						*	*		
25	（四）土地使用权						*	*		
26	（五）非专利技术						*	*		
27	（六）特许权使用费						*	*		
28	（七）软件						*	*		
29	（八）其他						*	*		
30	其中:享受无形资产加速摊销及一次性摊销政策的资产加速摊销额一般摊销额的部分 （一）企业外购软件加速摊销							*		*
31	（二）特定地区自由贸易港企业无形资产加速摊销(31.1+31.2)							*		*
31.1	1.海南自由贸易港企业无形资产加速摊销							*		*
31.2	2.横琴粤澳深度合作区企业无形资产加速摊销							*		*
32	（三）特定地区自由贸易港企业无形资产一次性摊销(32.1+32.2)							*		*
32.1	1.海南自由贸易港企业无形资产一次性摊销							*		*
32.2	2.横琴粤澳深度合作区企业无形资产一次性摊销							*		*
33	四、长期待摊费用(34+35+36+37+38)						*	*		
34	（一）已足额提取折旧的固定资产的改建支出						*	*		
35	（二）租入固定资产的改建支出						*	*		
36	（三）固定资产的大修理支出						*	*		

(续表)

行次	项目	账载金额			税收金额					累计折旧、摊销额	纳税调整金额
		资产原值	本年折旧、摊销额	累计折旧、摊销额	资产计税基础	税收折旧、摊销额	享受加速折旧政策的资产按税收一般规定计算的折旧、摊销额	加速折旧、摊销统计额			
		1	2	3	4	5	6	7(5−6)		8	9(2−5)
37	(四)开办费						*	*			
38	(五)其他						*	*			
39	五、油气勘探投资						*	*			
40	六、油气开发投资						*	*			
41	合计(1+18+21+33+39+40)						*	*			
附列资料	全民所有制企业公司制改制资产评估增值政策资产										

A105090 资产损失税前扣除及纳税调整明细表

行次	项目	资产损失直接计入本年损益金额	资产损失准备金核销金额	资产处置收入	赔偿收入	资产计税基础	资产损失的税收金额	纳税调整金额
		1	2	3	4	5	6(5−3−4)	7
1	一、现金及银行存款损失							
2	二、应收及预付款项坏账损失							
3	其中:逾期三年以上的应收款项损失							
4	逾期一年以上的小额应收款项损失							
5	三、存货损失							
6	其中:存货盘亏、报废、损毁、变质被盗损失							
7	四、固定资产损失							
8	其中:固定资产盘亏、丢失、报废、损毁或被盗损失							
9	五、无形资产损失							

(续表)

行次	项目	资产损失直接计入本年损益金额 1	资产损失准备金核销金额 2	资产处置收入 3	赔偿收入 4	资产计税基础 5	资产损失的税收金额 6(5-3-4)	纳税调整金额 7
10	其中:无形资产转让损失							
11	无形资产被替代或超过法律保护期限形成的损失							
12	六、在建工程损失							
13	其中:在建工程停建、报废损失							
14	七、生产性生物资产损失							
15	其中:生产性生物资产盘亏、非正常死亡、被盗、丢失等产生的损失							
16	八、债权投资损失(17+22)							
17	(一) 金融企业债权性投资损失(18+21)							
18	1. 贷款损失							
19	其中:符合条件的涉农和中小企业贷款损失							
20	单户贷款余额300万(含)以下的贷款损失							
21	单户贷款余额300万元至1 000万元(含)的贷款损失							
22	2. 其他债权性投资损失							
23	(二) 非金融企业债权性投资损失							
24	九、股权(权益)性投资损失							
25	其中:股权转让损失							
26	十、通过各种交易场所、市场买卖债券、股票、期货、基金以及金融衍生产品等发生的损失							
27	十一、打包出售资产损失							
28	十二、其他资产损失							
29	合计(1+2+5+7+9+12+14+16+23+25+26+27+28)							
30	其中:分支机构留存备查的资产损失							

A107010 免税、减计收入及加计扣除优惠明细表

行次	项目	金额
1	一、免税收入(2＋3＋9＋…＋16)	
2	（一）国债利息收入免征企业所得税	
3	（二）符合条件的居民企业之间的股息、红利等权益性投资收益免征企业所得税(4＋5＋6＋7＋8)	
4	1. 一般股息红利等权益性投资收益免征企业所得税(填写 A107011)	
5	2. 内地居民企业通过沪港通投资且连续持有 H 股满 12 个月取得的股息红利所得免征企业所得税(填写 A107011)	
6	3. 内地居民企业通过深港通投资且连续持有 H 股满 12 个月取得的股息红利所得免征企业所得税(填写 A107011)	
7	4. 居民企业持有创新企业 CDR 取得的股息红利所得免征企业所得税(填写 A107011)	
8	5. 符合条件的永续债利息收入免征企业所得税(填写 A107011)	
9	（三）符合条件的非营利组织的收入免征企业所得税	
10	（四）中国清洁发展机制基金取得的收入免征企业所得税	
11	（五）投资者从证券投资基金分配中取得的收入免征企业所得税	
12	（六）取得的地方政府债券利息收入免征企业所得税	
13	（七）中国保险保障基金有限责任公司取得的保险保障基金等收入免征企业所得税	
14	（八）中国奥委会取得北京冬奥组委支付的收入免征企业所得税	
15	（九）中国残奥委会取得北京冬奥组委分期支付的收入免征企业所得税	
16	（十）其他(16.1＋16.2)	
16.1	1. 取得的基础研究资金收入免征企业所得税	
16.2	2. 其他	
17	二、减计收入(18＋19＋23＋24)	
18	（一）综合利用资源生产产品取得的收入在计算应纳税所得额时减计收入	
19	（二）金融、保险等机构取得的涉农利息、保费减计收入(20＋21＋22)	
20	1. 金融机构取得的涉农贷款利息收入在计算应纳税所得额时减计收入	
21	2. 保险机构取得的涉农保费收入在计算应纳税所得额时减计收入	
22	3. 小额贷款公司取得的农户小额贷款利息收入在计算应纳税所得额时减计收入	
23	（三）取得铁路债券利息收入减半征收企业所得税	
24	（四）其他(24.1＋24.2)	
24.1	1. 取得的社区家庭服务收入在计算应纳税所得额时减计收入	
24.2	2. 其他	
25	三、加计扣除(26＋27＋28＋29＋30)	
26	（一）开发新技术、新产品、新工艺发生的研究开发费用加计扣除(填写 A107012)	
27	（二）科技型中小企业开发新技术、新产品、新工艺发生的研究开发费用加计扣除(填写 A107012)	

(续表)

行次	项目	金额
28	(三)企业为获得创新性、创意性、突破性的产品进行创意设计活动而发生的相关费用加计扣除(加计扣除比例及计算方法:_____)	
28.1	其中:第四季度相关费用加计扣除	
28.2	前三季度相关费用加计扣除	
29	(四)安置残疾人员所支付的工资加计扣除	
30	(五)其他(30.1+30.2+30.3)	
30.1	1. 企业投入基础研究支出加计扣除	
30.2	2. 高新技术企业设备器具加计扣除	
30.3	3. 其他	
31	合计(1+17+25)	

A107012 研发费用加计扣除优惠明细表

行次	项目	金额(数量)
1	本年可享受研发费用加计扣除项目数量	
2	一、自主研发、合作研发、集中研发(3+7+16+19+23+34)	
3	(一)人员人工费用(4+5+6)	
4	1. 直接从事研发活动人员工资薪金	
5	2. 直接从事研发活动人员五险一金	
6	3. 外聘研发人员的劳务费用	
7	(二)直接投入费用(8+9+10+11+12+13+14+15)	
8	1. 研发活动直接消耗材料费用	
9	2. 研发活动直接消耗燃料费用	
10	3. 研发活动直接消耗动力费用	
11	4. 用于中间试验和产品试制的模具、工艺装备开发及制造费	
12	5. 用于不构成固定资产的样品、样机及一般测试手段购置费	
13	6. 用于试制产品的检验费	
14	7. 用于研发活动的仪器、设备的运行维护、调整、检验、维修等费用	
15	8. 通过经营租赁方式租入的用于研发活动的仪器、设备租赁费	
16	(三)折旧费用(17+18)	
17	1. 用于研发活动的仪器的折旧费	
18	2. 用于研发活动的设备的折旧费	
19	(四)无形资产摊销(20+21+22)	
20	1. 用于研发活动的软件的摊销费用	
21	2. 用于研发活动的专利权的摊销费用	
22	3. 用于研发活动的非专利技术(包括许可证、专有技术、设计和计算方法等)的摊销费用	

(续表)

行次	项目	金额(数量)
23	（五）新产品设计费等(24＋25＋26＋27)	
24	1. 新产品设计费	
25	2. 新工艺规程制定费	
26	3. 新药研制的临床试验费	
27	4. 勘探开发技术的现场试验费	
28	（六）其他相关费用(29＋30＋31＋32＋33)	
29	1. 技术图书资料费、资料翻译费、专家咨询费、高新科技研发保险费	
30	2. 研发成果的检索、分析、评议、论证、鉴定、评审、评估、验收费用	
31	3. 知识产权的申请费、注册费、代理费	
32	4. 职工福利费、补充养老保险费、补充医疗保险费	
33	5. 差旅费、会议费	
34	（七）经限额调整后的其他相关费用	
35	二、委托研发(36＋37＋39)	
36	（一）委托境内机构或个人进行研发活动所发生的费用	
37	（二）委托境外机构进行研发活动发生的费用	
38	其中：允许加计扣除的委托境外机构进行研发活动发生的费用	
39	（三）委托境外个人进行研发活动发生的费用	
40	三、年度研发费用小计(2＋36×80％＋38)	
41	（一）本年费用化金额	
42	（二）本年资本化金额	
43	四、本年形成无形资产摊销额	
44	五、以前年度形成无形资产本年摊销额	
45	六、允许扣除的研发费用合计(41＋43＋44)	
46	减：特殊收入部分	
47	七、允许扣除的研发费用抵减特殊收入后的金额(45－46)	
48	减：当年销售研发活动直接形成产品(包括组成部分)对应的材料部分	
49	减：以前年度销售研发活动直接形成产品(包括组成部分)对应材料部分结转金额	
50	八、加计扣除比例及计算方法	
L1	本年允许加计扣除的研发费用总额(47－48－49)	
L1.1	其中：第四季度允许加计扣除的研发费用金额	
L1.2	前三季度允许加计扣除的研发费用金额(L1－L1.1)	
51	九、本年研发费用加计扣除总额(47－48－49)×50	
52	十、销售研发活动直接形成产品(包括组成部分)对应材料部分结转以后年度扣减金额（当47－48－49≥0，本行＝0；当47－48－49＜0，本行＝47－48－49的绝对值）	